Dennis Tomurko



# Die Innenhaftung des Vorstands einer AG und die D&O-Versicherung

igel
Verlag
RWS

**Tomurko, Dennis: Die Innenhaftung des Vorstands einer AG und die D&O-Versicherung, Hamburg, Igel Verlag RWS 2015**

Buch-ISBN: 978-3-95485-270-3
PDF-eBook-ISBN: 978-3-95485-770-8
Druck/Herstellung: Igel Verlag RWS, Hamburg, 2015

**Bibliografische Information der Deutschen Nationalbibliothek:**
Die Deutsche Nationalbibliothek verzeichnet diese Publikation in der Deutschen Nationalbibliografie; detaillierte bibliografische Daten sind im Internet über http://dnb.d-nb.de abrufbar.

---


Hermannstal 119k, 22119 Hamburg
http://www.diplomica.de, Hamburg 2015
Printed in Germany

# Inhaltsverzeichnis

# Abkürzungsverzeichnis

| | |
|---|---|
| Abs. | Absatz |
| AG | Aktiengesellschaft |
| AGB | Allgemeine Geschäftsbedingungen |
| AGG | Allgemeines Gleichbehandlungsgesetz |
| AIG | American International Group |
| AktG | Aktiengesetz |
| AnSVG | Anlegerschutzverbesserungsgesetz |
| AO | Abgabenordnung |
| APAG | Abschlussprüferaufsichtsgesetz |
| Art. | Artikel |
| Aufl. | Auflage |
| AVB-AVG | Allgemeinen Versicherungsbedingungen für die Vermögensschaden-Haftpflichtversicherung von Aufsichtsräten, Vorständen und Geschäftsführern |
| AVB-O | AVB-für Organe juristischer Personen |
| BaFin | Bundesanstalt für Finanzdienstleistungsaufsicht |
| BAG | Bundesarbeitsgericht |
| BAV | Bundesaufsichtsamt für das Versicherungswesen |
| BB | Betriebs-Berater |
| Bd. | Band |
| Bearb. | Bearbeiter/in |
| BGB | Bürgerliches Gesetzbuch |
| BGBl. | Bundesgesetzblatt |
| BGH | Bundesgerichtshof |
| BGHSt | Entscheidungen des Bundesgerichtshofs in Strafsachen |
| BGHZ | Entscheidungen des Bundesgerichtshofs in Zivilsachen |
| Bgr. | Begründer |
| BilKoG | Bilanzkontrollgesetz |
| BilReg | Bilanzrechtsreformgesetz |
| BMW | Bayerische Motoren Werke |
| BörsG | Börsengesetz |

| | |
|---|---|
| bspw. | beispielsweise |
| bzw. | beziehungsweise |
| DAX | Deutscher Aktienindex |
| D&O | Directors and Officers |
| DCGK | Deutsche Corporate Governance Kodex |
| d.h. | das heißt |
| DrittelbG | Drittelbeteiligungsgesetz |
| ed. | edited |
| et al. | et alii (lat.: und andere) |
| etc. | et cetera |
| EU | Europäische Union |
| EuroEG | Gesetz zur Einführung des Euro |
| e.V. | eingetragener Verein |
| f. | folgende |
| ff. | fortfolgende |
| GbR | Gesellschaft bürgerlichen Rechts |
| GDV | Gesamtverband der Deutschen Versicherungswirtschaft e.V. |
| gem. | gemäß |
| GG | Grundgesetz |
| ggf. | gegebenenfalls |
| GmbH | Gesellschaft mit beschränkter Haftung |
| GmbHG | Gesetz betreffend die Gesellschaften mit beschränkter Haftung |
| HGB | Handelsgesetzbuch |
| Hrsg. | Herausgeber |
| i.d.R. | in der Regel |
| InsO | Insolvenzordnung |
| IntBestG | Gesetz zur Bekämpfung internationaler Bestechung |
| i.S.d. | im Sinne des/der |
| i.S.v. | im Sinne von |
| i.V.m. | in Verbindung mit |
| Jg. | Jahrgang |
| KapAEG | Kapitalaufnahmeerleichterungsgesetz |
| KapInHag | Kapitalmarkt-Informationshaftungsgesetz |

| | |
|---|---|
| KapMuG | Kapitalanleger-Musterverfahrensgesetz |
| KfW | Kreditanstalt für Wiederaufbau |
| KonTraG | Gesetz zur Kontrolle und Transparenz im Unternehmensbereich |
| LB | Landesbank |
| MitbestG | Gesetz über die Mitbestimmung der Arbeitnehmer |
| MoMiG | Gesetz zur Modernisierung des GmbH-Rechts und zur Bekämpfung von Missbräuchen |
| n. F. | neue Fassung |
| NJW | Neue Juristische Wochenschrift |
| NJW-RR | NJW-Rechtsprechungs-Report Zivilrecht |
| Nr. | Nummer |
| NZG | Neue Zeitschrift für Gesellschaftsrecht |
| OHG | offene Handelsgesellschaft |
| o. V. | ohne Verfasser |
| PHi | Haftpflicht international – Recht & Versicherung |
| Rdn. | Randnummer |
| S. | Seite(n) |
| sog. | so genannte(r) |
| StGB | Strafgesetzbuch |
| StückAG | Gesetz über die Zulassung von Stückaktien |
| TransPuG | Gesetz zur weiteren Reform des Aktien- und Bilanzrechts, zu Transparenz und Publizität |
| u.a. | unter anderem |
| UMAG | Gesetz zur Unternehmensintegrität und Modernisierung des Anfechtungsrechts |
| URL | Uniform Resource Locator |
| USA | United States of America |
| usw. | und so weiter |
| u.U. | unter Umständen |
| VersR | Zeitschrift für Versicherungsrecht |
| Vgl. | Vergleiche |
| VVG | Versicherungsvertragsgesetz |
| WM | Wertpapier-Mitteilungen |

| | |
|---|---|
| WpHG | Wertpapierhandelsgesetz |
| z.B. | zum Beispiel |
| Ziff. | Ziffer |
| ZIP | Zeitschrift für Wirtschaftsrecht |
| ZPO | Zivilprozessordnung |

# Abbildungsverzeichnis

# 1 Einleitung

## 1.1 Problemstellung

Das Thema der persönlichen Haftung der Vorstandsmitglieder für Verluste, die aus ihren Verfehlungen bzw. aus prekären Entscheidungen resultierten, hat erst im letzten Jahrzehnt an Aktualität gewonnen. Der Grund dafür war der kontinuierliche Anstieg der Fehler der Vorstände in deutschen Unternehmen, die eine große Insolvenzwelle sowie Unternehmensschieflagen verursacht haben. Davor spielten die begründeten Schadensersatzansprüche gegen Vorstände in der Bundesrepublik Deutschland „rechtstatsächlich kaum eine nennenswerte Rolle“[1] und die dazugehörigen Haftungsnormen bildeten „kein lebendes Recht“[2].

Derzeit wird fast jeden Tag über spektakuläre Haftungsprozesse in den Medien berichtet.[3] Die Aufmerksamkeit erregen nicht nur die Bankenzusammenbrüche bzw. -schieflagen der letzten Zeit, wie die der WestLB, der SachsenLB, der Weserbank und der IKB, sondern auch die Inanspruchnahme der Vorstände für schadensverursachende Fehlentscheidungen, die früher höchstens eine Kündigung zur Folge hatten[4], heute aber Schadensersatzansprüche in mehrfacher Millionenhöhe mit sich bringen können.

Auch die Globalisierung der Märkte und, als Folge daraus, die steigende internationale Unternehmensverflechtung vergrößern das Risiko für die Vorstände, von ausländischen Kapitalanlegern in die Haftung genommen zu werden.[5]

Außerdem wächst bei wirtschaftlichen Krisen[6] bzw. bei schwieriger wirtschaftlicher Lage der Wunsch aller Involvierten nach einem „Sündenbock“, der auch zusätzlich für die eingetretenen Schäden bzw. Verluste persönlich unbeschränkt haften würde. Zu dieser involvierten Interessengruppe gehören z.B. Aktionäre, Insolvenzverwalter und deren Gläubiger sowie die Anleger, die ihre Forderungen oder Ersparnisse verloren haben und die Vorstände dafür haftbar machen wollen.[7]

---

[1] v. Werder, A. (1987), S. 2265.
[2] Wiedemann, H. (1980), S. 624.
[3] Wie z.B. über die folgenden öffentlich gewordenen Fälle: Bremer Vulkan, Balsam, Holzmann, Babcock, EM.TV, Infomatec, ComRoad, Mannesmann, Infineon, Siemens, VW (Hartz), Deutsche Bank, WestLB, DaimlerChrysler, Bankgesellschaft Berlin, HypoVereinsbank, Gigabell, Metabox, SachsenLB etc.
[4] Vgl. Schilling, J. (1999), S. 1074; Lier, M. (1999), S. 1362.
[5] Vgl. Sieg, O. (2002), S. 1760 f.; Thümmel, R. C. (2008), Rdn. 3; Schilling, J. (2007), S. V.
[6] Z.B. während der Subprime-Krise, die in die globale Bankenkrise überging, wurden immer wieder die Vorstandsmitglieder der Banken für die entstandenen Verluste in Haftung genommen, wie z.B. die Vorstandsmitglieder der WestLB, der SachsenLB etc. Auch die aktuelle Bankenkrise stellt keine Ausnahme dar. Zu nennen ist die Millionen-Panne bei der KfW, bei der zwei Vorstände beschuldigt und vom Dienst suspendiert wurden. Es ist auch in diesem Fall zu erwarten, dass diese Vorstände in Anspruch genommen werden.
[7] Vgl. Olbrich, C. (2007), S. 45; Thümmel, R. C. (2008), Rdn. 5; Schilling, J. (2007), S. V.

Alle oben dargestellten Entwicklungen zwangen den Gesetzgeber sukzessive zur Verschärfung der Haftung der Vorstände. Durch die permanente Haftungsverschärfung und den zunehmenden Anstieg der Forderungen auf Schadensersatz gegen Vorstandsmitglieder wuchs die Nachfrage nach einer speziellen Versicherung. Die Lösung stellt die sog. Managerhaftpflichtversicherung dar, die formal als Vermögensschaden-Haftpflichtversicherung für Organe oder abgekürzt auch als die D&O-Versicherung (Directors-and-Officers-Versicherung) oder als Organ- oder Manager-Haftpflichtversicherung bezeichnet wird.[8] Diese Versicherung schützt den Vorstand, der wegen eines Vermögensschadens aufgrund gesetzlicher Haftpflichtbestimmungen auf Schadensersatz in Anspruch genommen wird, welcher infolge begangener Pflichtverletzung während seiner Tätigkeitsausübung entstanden ist.[9] Der Versicherungsschutz umfasst i.d.R. die gerichtliche und außergerichtliche „Abwehr unberechtigter Schadensersatzansprüche und die Freistellung der versicherten Personen von berechtigten Schadensersatzverpflichtungen“[10].

Durch die Verschärfung der Haftung der Vorstände gewann die D&O-Versicherung an Popularität. Dennoch stieg mit der Popularität auch die Anzahl der Schadensersatzansprüche gegen die Vorstände stark an, die die D&O-Versicherung im Endeffekt regulieren musste. Die Versicherungsgesellschaften haben auf diese Entwicklung mit selektiverer Zeichnungspolitik, Prämienerhöhungen und Einschränkungen der Bedingungswerke reagiert. Die meisten Schadensersatzansprüche gegen die Vorstände stammten aus dem Innenverhältnis. Die Versicherungsgesellschaften sowie die Fachliteratur haben diesen Problembereich erkannt und verschiedene Lösungen entwickelt.

## 1.2 Zweck und Gang der Untersuchung

Ziel dieser Arbeit ist die Darstellung der aktuellen Haftungssituation von Vorständen im Innenverhältnis und die mögliche Versicherungslösung. Zu Beginn der Arbeit werden die gesetzlichen Entwicklungen zur Verschärfung der Haftung der Vorstände präsentiert. Danach werden die Tatbestandsmerkmale des Innenhaftungsanspruchs gegen den Vorstand einer AG ausführlich dargestellt. Um feststellen zu können, ob eine Pflichtverletzung des Vorstands gegenüber der Gesellschaft vorliegt, muss zunächst geklärt wer-

---

[8] Im Folgenden wird die Vermögensschaden-Haftpflichtversicherung für Organe abgekürzt als D&O-Versicherung bezeichnet. Der Begriff D&O stammt aus dem US-Unternehmenssystem und entspricht in etwa den Mitgliedern der Leitungsorgane einer Aktiengesellschaft.

[9] Vgl. z.B. GDV (2008), Ziff. 1.1 AVB-AVG; Allianz (2008), § 1 Ziff. 2.1 AVB-O; HDI-Gerling (2005), Ziff. 1.1 AVB-VHO.

[10] GDV (2008), Ziff. 4.1 AVB-AVG.

den, welchen Verhaltenspflichten er unterliegt. Deswegen werden die grundlegenden Pflichten des Vorstands aus dem AktG dargestellt. Zuerst werden die Sonderpflichten des Vorstands aus § 93 Abs. 3 AktG sowie die gesetzlich geregelten Einzelpflichten präsentiert. Anschließend werden allgemeine Pflichten zur ordnungsgemäßen Geschäftsleitung aus §§ 76 Abs. 1 sowie 93 Abs. 1 AktG aufgeführt. Zum Schluss wird das Verschulden, der Schaden, die Beweislastverteilungsproblematik sowie die Anspruchsverjährung behandelt.

Der zweite Teil dieser Arbeit beschäftigt sich mit der D&O-Versicherung. In diesem Teil wird untersucht, ob diese Versicherung wirklich die Probleme der Vorstände bezüglich der Haftungsverschärfung löst und bejahendenfalls wie und im welchen Umfang.

Zunächst werden die geschichtliche Entwicklung sowie die Basiselemente der D&O-Versicherung dargestellt, die für das Verständnis der weiteren Ausführungen unentbehrlich sind. Im nächsten Kapitel werden die Innenverhältnisdeckung sowie die damit verbundenen Missbrauchsgefahren beschrieben. Im darauffolgenden Kapitel werden die Lösungsmöglichkeiten, sog. Instrumente, die in der Praxis oder in der Fachliteratur gegen diese Gefahren entwickelt worden sind, ausführlich behandelt und kritisch betrachtet. Auch auf die Möglichkeit des vollständigen Ausschlusses der Innenverhältnisdeckung aus der D&O-Versicherung wird kurz eingegangen. Anschließend werden die Ergebnisse der Untersuchung dargestellt. Zum Schluss wird auch ein denkbarer Lösungsansatz zur Innenverhältnisproblematik vorgeschlagen.

# 2 Rechtliche Entwicklungen

## 2.1 Rechtsprechung

Die Wandlung des Managerhaftungsrechts wurde durch die Gesetzgebung und Rechtsprechung erheblich weiter verstärkt. In einer Reihe von Leitentscheidungen erweiterte der BGH das Risikoumfeld der Vorstände.

In der sog. „Baustoffentscheidung“[11] aus dem Jahre 1990 hat der BGH eine neue Rechtsprechung eingeleitet, in der die Pflichtanforderungen an den Leiter des Unternehmens zur ordnungsgemäßen Betriebsorganisation erheblich erhöht wurden. Dem Manager

[11] BGH, Urteil vom 05.12.1989 (VI ZR 335/88), BGHZ 109, S. 297; Anzumerken ist, dass diese Entscheidung in der Literatur sehr umstritten ist, vgl. dazu Küpper-Dirks, M. (2002), S. 32 und Dahnz, W. / Grimminger C. (2007), S. 74.

sind somit die Rechtsverletzungen im Unternehmen leichter zuzurechnen, wenngleich er an der schadensverursachenden Handlung persönlich überhaupt nicht beteiligt war.[12]
Im Jahre 1994 hat die Entscheidung zur Insolvenzverschleppung das Haftungsrisiko der Vorstände bei verspäteter bzw. unterlassener Stellung des Insolvenzantrags weiter erhöht.[13]
Zu nennen ist ebenfalls die „ARAG/Garmenbeck-Entscheidung“[14] aus dem Jahre 1997. Diese Entscheidung dehnte die Verpflichtungen des Aufsichtsrates aus und konkretisierte den Begriff des unternehmerischen Ermessens. Zum Aufgabenbereich des Aufsichtsrates gehörten nicht nur die Kontrolle und die Überwachung des Vorstands, sondern auch die eigenverantwortliche Untersuchung des Bestehens von Ansprüchen auf Schadensersatz der AG gegen Vorstandsmitglieder. Beim Verzicht des Aufsichtsrates auf die Geltendmachung von Ansprüchen gegenüber Vorstandsmitgliedern droht dem Aufsichtsrat selbst ein Haftungsrisiko.[15]
Erwähnenswert ist auch die „Mannesmann/Vodafon-Entscheidung“[16] des BGH aus dem Jahre 2005 über die Untreue. Nach dem BGH ist die Fremdnützlichkeit hervorzuheben, d.h. die Unternehmensleitung ist kein Gutsherr, sondern lediglich ein Gutsverwalter. Damit soll sie das Interesse des Unternehmens und nicht die eigenen wahrnehmen. Es ist verboten, das Gesellschaftsvermögen sinnlos abzutreten.[17] Das Gericht meinte damit astronomische Sonderzahlungen an den Vorstand, die nur „belohnenden Charakter“[18] hatten und „dem Unternehmen keinen zukunftsbezogenen Nutzen“[19] schafften.

## 2.2 Gesetzeslage

Ferner verabschiedete der Gesetzgeber auf Grund des Drucks der Öffentlichkeit am 01.05.1998 das „Gesetz zur Kontrolle und Transparenz im Unternehmensbereich“ (KonTraG).[20] Das KonTraG war ein Rahmengesetz, welches verschiedene Gesetze reformierte. Primär betrafen die Änderungen durch das KonTraG[21] das AktG[22] und das

[12] Vgl. Wilhelm, J. (2005), S. 344; Thümmel, R. C. (2008), Rdn. 9.
[13] Vgl. BGH, Urteil vom 06.06.1994 (II ZR 292/91), BGHZ 126, S. 181.
[14] BGH, Urteil vom 21.04.1997 (II ZR 175/95), BGHZ 135, S. 244.
[15] Vgl. Olbrich, C. (2007), S. 37 f.; BGH, Urteil vom 21.04.1997 (II ZR 175/95), BGHZ 135, S. 244.
[16] BGH, Urteil vom 21.12.2005 (3 StR 470/04), BGHSt 50, S. 331.
[17] Vgl. BGH, Urteil vom 21.12.2005 (3 StR 470/04), BGHSt 50, S. 331; Thümmel, R. C. (2008), Rdn. 10.
[18] BGH, Urteil vom 21.12.2005 (3 StR 470/04), BGHSt 50, S. 331.
[19] BGH, Urteil vom 21.12.2005 (3 StR 470/04), BGHSt 50, S. 331.
[20] Vgl. Picot, G. (2001), S. 5; Gesetz zur Kontrolle und Transparenz im Unternehmensbereich (1998), S. 786-794.
[21] Vgl. Böcking, H.-J. / Orth, C. (1998), S. 1241.
[22] Gesetz zur Kontrolle und Transparenz im Unternehmensbereich (1998), Artikel 1.

HGB.[23] Bei der Einführung des KonTraG verfolgte der Gesetzgeber eine Reihe von Zielen. Dazu gehörten u.a. die Transparenzerhöhung, die Steigerung der Qualität der Abschlussprüfung und der Kooperation zwischen den Abschlussprüfern und dem Aufsichtsrat, die Besserung der Aufsichtsratsarbeit, die Reduzierung von Stimmrechtsdifferenzierungen, die verstärkte Überwachung durch die Hauptversammlung und die Gestattung moderner Vergütungs- und Finanzierungsinstrumente. Für die Vorstandshaftung relevant sind die Berichtspflichterweiterung des Vorstands betreffend der Planung des Unternehmens, § 90 Abs. 1 Nr. 1 AktG, die Vorstandsverpflichtung zur Einrichtung eines Systems der Überwachung, welches die den Fortbestand der Gesellschaft gefährdende Entwicklungen frühzeitig erkennen wird, § 91 Abs. 2, AktG, sog. Risikomanagement, und das Herabsetzen des Quorums bei groben Pflichtverstößen, um das Geltendmachen der Haftungsansprüche gegen den Vorstand zu erleichtern, § 147 Abs. 2 AktG. Durch die obengenannten Maßnahmen wollte der Gesetzgeber den Informationsstand des involvierten Personenkreises verbessern und somit das Durchsetzen von Haftungsansprüchen erleichtern.[24]

Ab 01.07.2002 gilt das Vierte Finanzmarktförderungsgesetz[25], welches das Wertpapierhandelsgesetz (WpHG), das Börsengesetz sowie viele andere kapitalmarktrelevante Gesetze modifizierte. Von Bedeutung für die Haftung von Vorständen sind die neuen Haftungsregelungen des WpHG. Gem. §§ 37 b und 37 c WpHG haftet bei unterlassenen, unverzüglichen sowie bei unwahren ad-hoc-Meldungen im Außenverhältnis der Emittent von Wertpapieren, also nur die Gesellschaft selbst und nicht die Unternehmensleitung.[26] Die Gesellschaft kann aber die Unternehmensleitung dafür im Innenverhältnis in Regress nehmen.[27] Zu nennen ist auch § 15 a WpHG. Nach dieser Vorschrift müssen die Vorstandsmitglieder eigene Geschäfte mit Aktien „ihrer" Gesellschaft dem Emittenten und der Bundesanstalt für Finanzdienstleistungsaufsicht mitteilen und dies auf der Website der Gesellschaft oder in einem Börsenpflichtblatt veröffentlichen. Darüber hinaus sind auch Geschäfte mit den Aktien des Emittenten, die über bestimmte nahe Angehörige abgewickelt werden, mitteilungs- und veröffentlichungspflichtig.[28] Bei vorsätzlicher oder leichtfertiger Verletzung der Mitteilungs- und Veröffentlichungspflicht können gem. § 39 WpHG Bußgelder erhoben werden.

---

[23] Gesetz zur Kontrolle und Transparenz im Unternehmensbereich (1998), Artikel 2.
[24] Vgl. Entwurf eines Gesetzes zur Kontrolle und Transparenz im Unternehmensbereich (1997), B; Ernst, C. / Seibert, U. / Stuckert, F. (1998), S. 2.
[25] Gesetz zur weiteren Fortentwicklung des Finanzplatzes Deutschland (2002), S. 2010-2072.
[26] Vgl. Fleischer, H. (2002), S. 2980.
[27] Vgl. Dahnz, W. / Grimminger C. (2007), S. 172.
[28] Vgl. Fleischer, H. (2002), S. 2978; Thümmel, R. C. (2008), Rdn. 12.

Zu erwähnen ist ferner das am 25.07.2002 in Kraft getretene Gesetz zur weiteren Reform des Aktien- und Bilanzrechts, zu Transparenz und Publizität (TransPuG)[29].
Dieses Rahmengesetz modifizierte u.a. viele Abschlussprüfungsvorschriften des AktG und des HGB und verpflichtete durch § 161 AktG den Vorstand und den Aufsichtsrat der börsennotierten Gesellschaft zur jährlichen Abgabe der sog. Compliance-Erklärung zum Corporate Governance Kodex.[30]
Auf Grund weiterer Bilanzskandale und Milliardenpleiten an den Börsen hat die Bundesregierung Anfang des Jahres 2003 das sog. 10-Punkte-Programm[31] zur Stärkung des Schutzes der Anleger und der Unternehmensintegrität sowie zur Stärkung des Finanzplatzes Deutschland veröffentlicht. Gegenwärtig sind die wichtigsten Teile des 10-Punkte-Programms schon umgesetzt. Zwei davon beziehen sich auf die Haftungssituation von Vorständen.[32]
Das Gesetz zur Unternehmensintegrität und Modernisierung des Anfechtungsrechts (UMAG),[33] das am 01.11.2005 in Kraft getreten ist, modifizierte u.a. die Innenhaftung der Vorstände gegenüber dem Unternehmen.[34] Ferner erleichtert das UMAG den Kleinaktionären das eigenständige Verklagen der Gesellschaft. Nach § 148 Abs. 1 S. 1 AktG können die Aktionäre, deren Anteile zum Zeitpunkt der Antragsstellung zusammen den einhundertsten Teil des Grundkapitals oder einen anteiligen Betrag von 100.000 Euro erreichen, die Zulassung beantragen, im eigenen Namen die in § 147 Abs. 1 S. 1 AktG bezeichneten Ersatzansprüche der Gesellschaft gegenüber geltend zu machen.
Ab 18.08.2006 gilt das Allgemeine Gleichbehandlungsgesetz (AGG),[35] das Diskriminierungen auf Grund der Rasse, ethnischer Herkunft, des Geschlechtes, der Konfession, der Weltanschauung, der Behinderung, des Alters oder sexueller Identität untersagt.[36] Die

---

29 Gesetz zur weiteren Reform des Aktien- und Bilanzrechts, zu Transparenz und Publizität (2002), S. 2681-2687.
30 Corporate Governance Kodex wird im nächsten Kapitel beschrieben.
31 Das 10-Punkte-Programm besteht aus: 1) Gesetz zur Unternehmensintegrität und Modernisierung des Anfechtungsrechts (UMAG); 2a) Kapitalanleger-Musterverfahrensgesetz (KapMuG); 2b) Kapitalmarkt-Informationshaftungsgesetz (KapInHag); 3) Weiterentwicklung des deutschen Corporate-Governance-Kodexes, insbesondere zu mehr Transparenz bei Managergehältern; 4) Bilanzrechtsreformgesetz (BilReg); 5) Abschlussprüferaufsichtsgesetz (APAG); 6) Bilanzkontrollgesetz (BilKoG); 7) Straffere Börsenaufsicht; 8) Anlegerschutzverbesserungsgesetz (AnSVG), wogegen Anlagebetrug und Insiderhandel schärfer vorgegangen wird; 9) Sicherstellung der Verlässlichkeit von Unternehmensbewertungen durch Finanzanalysten und Rating-Agenturen; 10) Schärfere Strafen bei Delikten im Kapitalmarktbereich, o. V. (2004).
32 Vgl. Reifschneider, C. (2007), S. 85 f.; o. V. (2004).
33 Gesetz zur Unternehmensintegrität und Modernisierung des Anfechtungsrechts (2005), S. 2802-2808.
34 Vgl. o. V. (2004).
35 Gesetz zur Umsetzung europäischer Richtlinien zur Verwirklichung des Grundsatzes der Gleichbehandlung (2006), S. 1897-1910.
36 Vgl. Gesetz zur Umsetzung europäischer Richtlinien zur Verwirklichung des Grundsatzes der Gleichbehandlung (2006), Abschnitt 1, Allgemeiner Teil, § 1.

Vorstände müssen vorbeugend die erforderliche Vorsorge gegen Diskriminierungen treffen. Bei eingetretenen Benachteiligungen muss der Vorstand sofort reagieren. Der Betroffene hat bei erfolgter Diskriminierung Ansprüche auf Schmerzensgeld und auf Schadensersatz sowohl gegen das Unternehmen als auch gegen das Management, also auch gegen den Vorstand. Dabei ist die Beweislastumkehr zu Lasten des Vorstands zu beachten.[37]

## 2.3 Corporate Governance

Im Jahre 2000 hat die Bundesregierung auf Grund der öffentlichen Kritik über die Defizite des deutschen Systems der Unternehmensführung und -kontrolle eine Corporate Governance[38] Kommission eingesetzt. Diese Kommission sollte Empfehlungen zur Anpassung des deutschen Systems der Corporate Governance an die raschen ökonomischen und technologischen Entwicklungen konzipieren.[39] Im Juli 2001 legte diese Regierungskommission ihren Abschlussbericht vor. Darin empfiehlt sie u.a. die Einsetzung einer Kommission zur Entwicklung eines Code of Best Practics für die deutschen Unternehmen.[40] Am 06.09.2001 wurde die Kommission Deutscher Corporate Governance Kodex (Kodex-Kommission) eingesetzt, die am 26.02.2002 einen deutschen Corporate Governance Kodex (DCGK) veröffentlichte.[41]

Durch den Kodex werden nun die geltenden Regeln zur Unternehmensführung und -kontrolle für Investoren transparenter gemacht. Die Erfüllung der Anforderungen des DCGK kann das Unternehmen als Gütesiegel gegenüber Investoren einsetzen. Der Verhaltenskodex gilt primär für die börsennotierten Gesellschaften, hat aber auch eine mittelbare Ausstrahlungswirkung auf alle anderen Gesellschaften. Der Kodex wiederholt teilweise Gesetzesvorschriften, die dieser ausbreitet und präzisiert. Der DCGK enthält unterschiedliche „Soll"- und „Kann"-Vorschriften, also Empfehlungen und Anregungen. Die Vorschriften des DCGK sind formaljuristisch für die Gesellschaften und für die Unternehmensführung nicht verbindlich, soweit es sich nicht um Wiederholungen der Gesetzesvorschriften handelt. Dennoch müssen der Vorstand und der Aufsichtsrat gem. § 161 AktG jährlich öffentlich erklären, ob sie den Empfehlungen der Kodex-

---

[37] Vgl. Schilling, J. (2007), S. 3.

[38] Ins Deutsche kann der Begriff „Corporate Governance" nicht unmittelbar übersetzt werden. Inhaltlich geht es bei Corporate Governance um Methoden und Instrumente zur Leitung und Kontrolle eines Unternehmens. Sie umfasst die Gesamtheit aller internationalen und nationalen Werte und Grundsätze für eine gute und pflichtbewusste Unternehmensleitung, vgl. Pinner, W. (2008), S. 88.

[39] Vgl. Schmidt, K. (2002), S. 767.

[40] Vgl. Kort, M. (2003), § 76 Rdn. 39.

[41] Der Deutsche Corporate Governance Kodex ist abrufbar unter http://www.corporate-governance-code.de.

Kommission nachkommen bzw. von welchen Punkten sie abweichen wollen, sog. „comply or explain"-Prinzip. Außerdem muss die Compliance-Erklärung für die Aktionäre durchgehend zur Verfügung stehen, z.B. auf der Website der AG.[42]

Der Corporate Governance Kodex wirkt sich auch auf die Haftungssituation von Vorständen aus. Die Kodex-Regelungen sind bereits praktisch zum Standard einer ordentlichen Unternehmensleitung geworden. Werden sie auch beachtet, dann bewegen sich die Vorstände in diesem Rahmen ohne Haftungsrisiko. Der Kodex übt also einen maßgebenden Einfluss auf die äußeren Grenzen des unternehmerischen Ermessens aus. Mit der Einführung des § 161 AktG bestätigt der Gesetzgeber, dass die Kodex-Regeln den Standard einer guten Unternehmensleitung sowie die äußeren Grenzen des unternehmerischen Ermessens darstellen. Demzufolge stellt ein Verstoß gegen diese Regeln ohne einen wichtigen Grund einen Ermessensfehler dar. Auch ist es zu erwarten, dass die Abweichungen von zentralen Elementen organisatorischer Empfehlungen und Anregungen des DCGK als Organisationsverschulden verstanden werden. Dies ist bedeutsam für die Außenhaftung des Unternehmensführers.[43]

# 3 Haftung des Vorstands einer AG

## 3.1 Unterscheidung zwischen der Innen- und der Außenhaftung

Unter dem Begriff der Vorstandshaftung wird die Vorstandsverpflichtung zum Ausgleich der eingetretenen Schäden bei seiner Aktiengesellschaft oder einem Dritten verstanden, die durch die schuldhafte Pflichtverletzung des Vorstands entstanden sind.[44] Bei der persönlichen Haftung des Vorstands ist zwischen Innen- und Außenhaftung zu differenzieren.[45]

Die Innenhaftung bezieht sich auf die Ansprüche der AG gegen den eigenen Vorstand. Bei der Außenhaftung handelt es sich um die Ansprüche auf Schadensersatz von außenstehenden Dritten,[46] wie aus der Abbildung 1 ersichtlich ist.

Der Vorstand kann allerdings im Außenverhältnis nur in Ausnahmefällen in Haftung genommen werden. Es gibt keine in sich geschlossenen gesetzlichen Reglungen für die Haftung des Vorstands gegenüber Dritten bzw. keinen allgemeinen gesetzlich geregelten Direktanspruch. Es bleibt nur die Möglichkeit einer allgemeinen deliktischen Haf-

[42] Vgl. Thümmel, R. C. (2008), Rdn. 20, 152.
[43] Vgl. Thümmel, R. C. (2008), Rdn. 21.
[44] Vgl. Thümmel, R. C. (2008), Rdn. 24, 103.
[45] Vgl. Plück, R. / Lattwein, A. (2004), S. 18; Thümmel, R. C. / Sparberg, M. (1995), S. 1013.
[46] Vgl. Held, F. M. (2006), 33. Kapitel Rdn. 5, 9; Friedrich, M. A. (2002), S. 7.

tung nach den §§ 823 Abs. 1, 2, 826 BGB, Haftung in bestimmten Fällen bei der Insolvenz sowie Prospekthaftung gem. § 45 BörsG.[47]

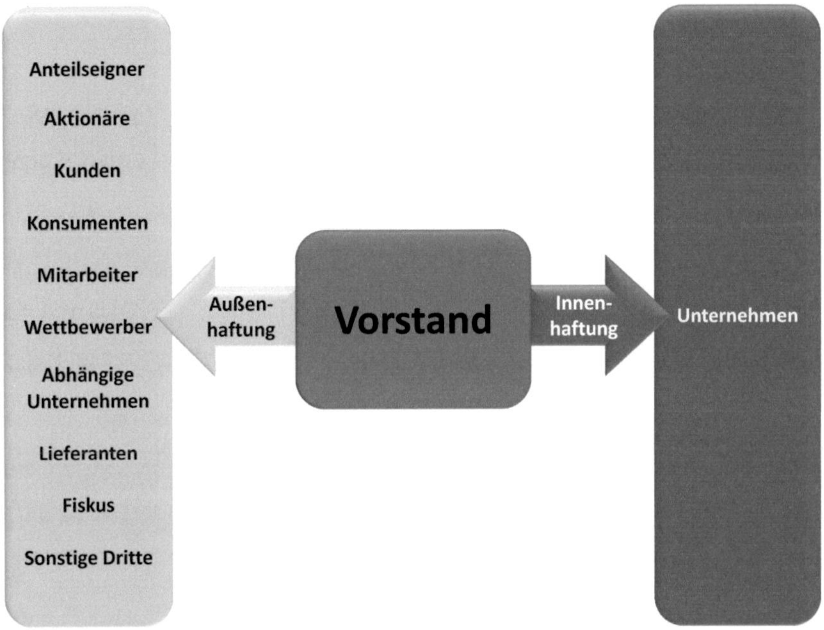


**Abbildung 1: Vorstandshaftung im Überblick**
**Quelle: In Anlehnung an Thümmel, R. C. (2008), S. 34.**

Die Gläubiger der Gesellschaft nehmen i.d.R. den Vorstand nur dann in Anspruch, wenn sie Ansprüche gegen die Gesellschaft selbst nicht mehr durchsetzen können. Das ist z.B. der Fall, wenn die Gesellschaft insolvent ist.[48] Solange aber die Gesellschaft solvent ist, werden die Gläubiger gewöhnlich das Unternehmen selbst in Anspruch nehmen und nicht den Vorstand, da das schädigende Handeln des Vorstandsmitglieds der Gesellschaft gem. § 31 BGB zugerechnet wird. Das Unternehmen kann aber seinerseits dann den Vorstand im Innenverhältnis in Regress nehmen und somit den Schaden durch die D&O-Versicherung begleichen. Außerdem ist solche Haftung der Gesellschaft vielfach von einer Betriebshaftpflichtversicherung oder einer Produkthaftpflichtversicherung erfasst. Da die D&O-Versicherung i.d.R. Subsidiaritätsklauseln[49] enthalten, werden die

[47] Vgl. Schilling, J. (2007), S. 11.
[48] Vgl. Held, F. M. (2006), 33. Kapitel Rdn. 9.
[49] In den sog. eingeschränkten oder einfachen Subsidiaritätsklauseln wird normiert, dass die Versicherungsgesellschaft nicht haftet, wenn eine andere Versicherung besteht und im konkreten Fall auch Deckung gewährt, vgl. Beckmann, R. M. (2004), S. 26.

anderen Versicherungsarten zuerst in Anspruch genommen.[50] Lediglich ca. 20% aller Haftungsfälle beziehen sich auf die Außenhaftung.[51]

## 3.2 Innenhaftung des Vorstands einer AG

Die Innenhaftung bedeutet eine Haftung für Pflichtverletzungen des Organmitglieds[52] seinem eigenen Unternehmen gegenüber, d.h. dem Unternehmen, das den Vorstand angestellt hat und dessen Organ er ist. Die gesetzlichen Regelungen der Innenhaftung beziehen sich auf den Vorstand und den Aufsichtsrat einer Aktiengesellschaft.[53] Die Haftung im inneren Verhältnis ist für Vorstände primär durch § 93 AktG mit weiteren Spezialregelungen normiert.[54] Außer den gesellschaftsrechtlichen Haftungstatbeständen kommen auch deliktische sowie allgemeine zivilrechtliche Haftungsgrundlagen in Betracht.[55] Die Vorstände sind durch einen schuldrechtlichen Vertrag, der i.d.R. ein Dienstvertrag ist, angestellt.[56] Somit ergibt sich auch eine Vertragshaftung wegen der Pflichtverletzungen aus dem Dienstvertrag nach §§ 280 Abs. 1, 611, 276 BGB. Die vertragliche Inanspruchnahme der Vorstände ist aber umstritten.[57]

Nach herrschender Meinung konsumiert die gesetzlich normierte Organhaftung die Vertragshaftung, d.h. für die Vertragshaftung bleibt kein eigenständiger Regelungsbereich bestehen.[58]

Nach der Gegenansicht besteht zwischen der Organhaftung und der Vertragshaftung eine Anspruchskonkurrenz, d.h. die beiden Anspruchsgrundlagen stehen grundsätzlich selbstständig nebeneinander und müssen separat geprüft werden. Die fünfjährige Verjährungsfrist aus § 93 Abs. 6 AktG gilt allerdings ausnahmsweise auch für konkurrierende vertragliche Schadensersatzansprüche.[59]

Die Vertreter der Anspruchskonkurrenz sind ebenfalls der Meinung, dass die vertraglichen Ansprüche nur dann eine eigenständige Bedeutung haben können, wenn es sich um

---

[50] Vgl. Beckmann, R. M. (2004), S. 26.

[51] Vgl. Schilling, J. (2007), S. 11.

[52] Unter den Organmitgliedern werden nur die Vorstands- und die Aufsichtsratsmitglieder verstanden.

[53] Vgl. Held, F. M. (2006), 33. Kapitel Rdn. 5.

[54] Vgl. Thümmel, R. C. (2008), Rdn. 27.

[55] Vgl. Beckmann, R. M. / Matusche-Beckmann, A. (2004), § 28 Rdn. 30.

[56] Für die Organhaftung nach § 93 AktG muss kein schuldrechtlicher Vertrag tatsächlich vorliegen, es reicht grundsätzlich de fakto die Organstellung, vgl. BGH, Urteil vom 21.03.1988 (II ZR 194/87), BGHZ 104, S. 46 f.; Hopt, K. J. (1999), § 93 Rdn. 20 und 226; Hüffer, U. (2008), § 93 Rdn. 11; Spindler, G. (2008a), § 93 Rdn. 10.

[57] Vgl. Fleischer, H. (2006), § 11 Rdn. 3; Thümmel, R. C. (2008), Rdn. 31.

[58] Vgl. Zöllner, W. / Noack, U. (2006), § 43 Rdn. 4; Fleck, H.-J. (1991), S. 1270; BGH, Urteil vom 12.06.1989 (II ZR 334/87), NJW-RR 1989, S. 1255; BGH, Urteil vom 09.12.1996 (II ZR 240/95), NJW 1997, S. 741.

[59] Vgl. Hübner, U. (1992), S. 37 f.; BGH, Urteil vom 12.11.1979 (II ZR 174/77), BGHZ 75, S. 321; BGH, Urteil vom 07.12.1987 (II ZR 206/87), ZIP 1988, S. 568.

Pflichtverletzungen aus dem Anstellungsvertrag handelt, die nicht gleichzeitig Verstöße gegen allgemeine Organpflichten sind. Beim Vorstand einer AG wird dies kaum der Fall sein, so dass der Meinungsstreit im Endeffekt praktisch unerheblich ist.[60]

### 3.2.1 Pflichtverletzung

#### 3.2.1.1 Sondertatbestände des § 93 Abs. 3 AktG

In § 93 Abs. 3 AktG sind neun Einzeltatbestände, sog. „Todsünden"[61], benannt, deren Verletzung den Vorstand „seiner" Gesellschaft gegenüber zum Schadensersatz verpflichtet.[62] Alle diese Tatbestände beziehen sich auf die Vorstandspflicht zum Erhalt des Kapitals. Diese Vorschrift verhindert die missbräuchlichen Kapitalabflüsse an Aktionäre sowie an Vorstände, Aufsichtsräte und Dritte im Insolvenzfall. Im Unterschied zum § 93 Abs. 2 S. 1 AktG kann auf die Schadensersatzansprüche aus § 93 Abs. 3 AktG nicht zu Lasten der Gesellschaftsgläubiger verzichtet werden. Gem. § 93 Abs. 5 AktG sind die Gläubiger selbst zur Geltendmachung der Ansprüche befugt, falls sie auf ihre Forderungen von der Gesellschaft keine Befriedigung erlangen können.[63] Der Vorstand haftet schon bei leichter Fahrlässigkeit gegenüber den Gläubigern. Außerdem muss der Vorstand bei einem Schadenseintritt seine Schuldfreiheit beweisen, sog. Exkulpation.[64] Beim § 93 Abs. 3 AktG geht es um folgende Pflichten:

**Nr. 1: Rechtswidrige Einlagenrückgewähr** (Geld- oder Sacheinlagen). Die Einlagenrückgewähr an die Aktionäre ist dem Vorstand gem. § 57 Abs. 1 AktG verboten; d.h. alle offenen oder verdeckten Leistungen, die auf Grund der Mitgliedschaft der Aktionäre erbracht werden, sind untersagt, solange sie nicht aus dem Bilanzgewinn erfolgen oder durch ein Gesetz als Ausnahme erlaubt sind.[65]

**Nr. 2: Rechtswidrige Zahlungen von Zinsen oder Gewinnanteilen an Aktionäre.** Gem. § 57 Abs. 2 AktG dürfen Zinsen den Aktionären weder zugesagt noch ausgezahlt werden. Nach § 57 Abs. 2 AktG darf aus dem Gesellschaftsvermögen vor Auflösung der Gesellschaft lediglich der ausschüttungsfähige Bilanzgewinn verteilt werden.

**Nr. 3: Rechtswidrige Zeichnung, Erwerb, Inpfandnahme oder Einziehung eigener Aktien der Gesellschaft oder einer von ihr abhängigen Gesellschaft.** § 56 AktG verbietet es, eigene Anteile oder Anteile an einer abhängigen oder mit Mehrheitbesitz be-

---

[60] Vgl. Thümmel, R. C. (2008), Rdn. 32.
[61] Fleischer, H. (2006), § 11 Rdn. 78.
[62] Vgl. Fleischer, H. (2006), § 11 Rdn. 74.
[63] Vgl. Thümmel, R. C. (2008), Rdn. 106.
[64] Vgl. Spindler, G. (2008a), § 93 Rdn. 97 f.
[65] Herrschende Meinung, vgl. Hüffer, U. (2008), § 57 Rdn. 2; Hopt, K. J. (1999), § 93 Rdn. 243.

teiligten Gesellschaft im Namen der Gesellschaft zu zeichnen. Die Rechtsverletzung macht den Vorstand nach § 56 Abs. 4 AktG persönlich zum Einlageschuldner. Außerdem ist es dem Vorstand grundsätzlich verboten, eigene Anteile zu kaufen, solange keine der Ausnahmen der §§ 71, 237 ff. AktG vorliegt.

**Nr. 4: Rechtswidrige Ausgabe von Aktien vor der vollen Leistung des Ausgabebetrages.** Gem. § 10 Abs. 1 AktG können Aktien entweder als Inhaber- oder als Namensaktien angeboten werden. Die Form der Aktien muss nach § 23 Abs. 3 Nr. 5 AktG in der Satzung festgelegt werden. Nach § 10 Abs. 2 AktG dürfen nur Namensaktien mit entsprechendem Vermerk vor der vollständigen Leistung der Einlage ausgegeben werden. Aus dem Umkehrschluss des § 10 Abs. 2 AktG folgt, dass die Inhaberaktien nur nach vollständiger Leistung der Einlage ausgegeben werden dürfen. Werden die Inhaberaktien vor der vollen Einlageleistung ausgegeben, dann haftet der Vorstand im Schadensfall für die Differenz zwischen der faktischen Einlegeleistung und dem vollen Ausgabebetrag.[66]

**Nr. 5: Rechtswidrige Verteilung von Gesellschaftsvermögen.** Nur unter Beachtung des Gläubigerschutzes darf das Gesellschaftsvermögen gemäß verschiedener Vorschriften des AktG verteilt werden. Nach § 57 Abs. 3 AktG darf vor der Gesellschaftsauflösung lediglich der Bilanzgewinn an die Aktionäre verteilt werden. Infolge der ordentlichen Herabsetzung des Grundkapitals dürfen gem. § 225 Abs. 2 AktG Zahlungen an Aktionäre nur dann geleistet werden, wenn sechs Monate seit der Bekanntmachung vergangen sind und den Gläubigern, die sich fristgemäß angemeldet haben, wegen ihrer Forderungen Sicherheit oder Befriedigung geleistet worden ist. Bei der Einzahlung von Aktien gilt dasselbe, § 237 Abs. 2 AktG. Nach § 230 AktG sind die Zahlungen an die Aktionäre aus der Auflösung von Kapital- oder Gewinnrücklagen oder aus der vereinfachten Kapitalherabsetzung des § 229 AktG verboten. Alle diese Vorschriften konkretisieren das Einlagenrückgewährverbot.

**Nr. 6: Rechtswidrige Zahlung nach Eintritt der Zahlungsunfähigkeit oder Überschuldung.** Im Insolvenzfall treffen den Vorstand besondere Sorgfaltsanforderungen. Gem. § 92 Abs. 3 AktG gilt das Zahlungsverbot ab dem Zeitpunkt der Insolvenzreife und nicht erst nach der Insolvenzantragsstellung. Die Insolvenzreife bedeutet Zahlungsunfähigkeit[67] oder Überschuldung[68]. Zum Zahlungsverbot gehören sämtliche Zahlungsarten. So müssen bspw. Daueraufträge, Lastschriftermächtigungen und Bankvollmach-

---

[66] Vgl. Krieger, G. / Sailer, V. (2008), § 93 Rdn. 41; Hopt, K. J. (1999), § 93 Rdn. 246.

[67] Der Begriff der Zahlungsunfähigkeit ist in § 17 Abs. 2 InsO legal definiert.

[68] Der Begriff der Überschuldung ist in § 19 Abs. 2 InsO legal definiert.

ten zurückgenommen werden.[69] Gem. § 92 Abs. 2 S. 2 AktG sind die Zahlungen nach dem Eintritt der Insolvenzreife erlaubt, wenn sie auch nach diesem Zeitpunkt mit der Sorgfalt eines ordentlichen und gewissenhaften Geschäftsleiters vereinbar sind. Dazu gehören z.B. nach dem BGH die Zahlungen von fälligen Sozilabeiträgen und Steuern.[70] Der Vorstand trägt aber die Beweislast dafür, dass die vom ihm getätigten Zahlungen mit der Sorgfalt eines ordentlichen und gewissenhaften Geschäftsleiters vereinbar sind, sog. Beweislastumkehr.[71] Die rechtswidrigen Zahlungen machen den Vorstand gegenüber der Gesellschaft schadensersatzpflichtig, § 93 Abs. 3 Nr. 6 AktG. Mit dem Zahlungsverbot soll eine Bevorzugung einzelner Gläubiger auf Kosten der Konkursmasse vermieden werden. Das Verbot dient dem Prinzip der Gleichbehandlung der Gläubiger.[72]

Das Bundesjustizministerium hat am 23.05.2007 den Regierungsentwurf des Gesetzes zur Modernisierung des GmbH-Rechts und zur Bekämpfung von Missbräuchen (MoMiG) veröffentlicht.[73] Dieses Gesetz soll primär das GmbH-Recht modernisieren und gleichzeitig deregulieren. Zugleich ändert das MoMiG aber auch das Aktienrecht. Danach wird der jetzige § 92 Abs. 3 AktG zukünftig § 92 Abs. 2 AktG sein und der Abs. 2 wird aufgehoben. Die Funktion des aufgehobenen § 92 Abs. 2 AktG wird § 15a Abs. 1 InsO n. F. übernehmen, der für alle Gesellschaftsformen zusammengefasst wird. Außerdem wird dem neuen § 92 Abs. 2 AktG folgender Satz angefügt:[74] „Die gleiche Verpflichtung trifft den Vorstand für Zahlungen an Aktionäre, soweit diese zur Zahlungsunfähigkeit der Gesellschaft führen mussten, es sei denn, dies war auch bei Beachtung der in § 93 Abs. 1 S. 1 AktG bezeichneten Sorgfalt nicht erkennbar.“[75]

**Nr. 7: Rechtswidrige Vergütungsleistungen an Aufsichtsräte.** Gem. § 113 AktG kann den Aufsichtsratsmitgliedern eine Vergütung für ihre Arbeit bewilligt werden. Die Vergütung darf aber nicht die satzungsgemäße oder die durch die Hauptversammlung genehmigte übersteigen.

Nach § 114 AktG darf der Vorstand mit den einzelnen Aufsichtsratsmitgliedern außerhalb ihrer Tätigkeit im Aufsichtsrat einen Dienst- oder Werkvertrag abschließen, wenn

---

[69] Vgl. Hoffmann, D. / Liebs, R. (2000), Rdn. 636.
[70] Vgl. BGH, Urteil vom 14.05.2007 (II ZR 48/06), NZG 2007, S. 545; BGH, Urteil vom 18.04.2005 (II ZR 61/03), NZG 2005, S. 600; Sontheimer, J. (2004), S. 1005.
[71] Vgl. BGH, Urteil vom 08.01.2001 (II ZR 88/99), BGHZ 146, S. 275.
[72] Vgl. Habersack, M. (1999), § 92 Rdn. 91.
[73] Vgl. Bundesministerium der Justiz (Hrsg.) (2008), Aktueller Stand des Gesetzgebungsverfahrens.
[74] Vgl. Entwurf eines Gesetzes zur Modernisierung des GmbH-Rechts und zur Bekämpfung von Missbräuchen (2007), A, Artikel 5 Nr. 11.
[75] Entwurf eines Gesetzes zur Modernisierung des GmbH-Rechts und zur Bekämpfung von Missbräuchen (2007), Artikel 5 Nr. 11.

der Aufsichtsrat das genehmigt hat. Hat der Vorstand ohne Genehmigung des Aufsichtsrats einen Vertrag mit einem Aufsichtsratsmitglied abgeschlossen, dann darf keine Vergütung gezahlt werden und das Gezahlte muss sofort zurückgefordert werden. Bei rechtswidrigen Zahlungen macht sich der Vorstand gem. § 93 Abs. 3 Nr. 7 AktG schadensersatzpflichtig.

**Nr. 8: Rechtswidrige Kreditgewährung.** Kreditgewährungen an Vorstands- und Aufsichtsratsmitglieder sind gem. §§ 89, 115 AktG erlaubt, wenn der Aufsichtsrat sie genehmigt hat. Gewährt der Vorstand Kredite ohne Beschluss des Aufsichtsrats, so haftet der kreditgewährende Vorstand gegenüber der Gesellschaft für den Schaden, falls die Rückzahlung nicht oder nicht sofort veranlasst wird, § 93 Abs. 3 Nr. 8 AktG.

**Nr. 9: Ausgabe von Bezugsaktien bei der bedingten Kapitalerhöhung.** Die bedingte Erhöhung des Grundkapitals durch die Hauptversammlung, §§ 192 ff. AktG, führt zur Entstehung von Umtausch- bzw. Bezugsrechten hinsichtlich der neuen Aktien, sog. Bezugsaktien. Der Vorstand darf die Bezugsaktien nur unter bestimmten Bedingungen ausgeben. So darf der Vorstand gem. § 199 AktG die Bezugsaktien nicht vor der vollen Leistung des Gegenwerts, bzw. des Unterschiedsbetrags bei der Wandelschuldverschreibung, austeilen. Bei der Nichtbeachtung macht sich der Vorstand gegenüber der Gesellschaft schadensersatzpflichtig, § 93 Abs. 3 Nr. 9 AktG.

#### 3.2.1.2 Verletzung gesetzlich geregelter Einzelpflichten

##### 3.2.1.2.1 Hauptversammlungseinberufung bei Verlust

Die Pflicht des Vorstands ist es, das Zahlenwerk der Gesellschaft permanent zu kontrollieren.[76] Gem. § 92 Abs. 1 AktG muss der Vorstand beim Eintritt eines Verlustes der Gesellschaft in Höhe der Hälfte ihres Grundkapitals ohne schuldhaftes Zögern (§ 121 Abs. 1 S. 1 BGB) die Hauptversammlung einberufen und ihr dies melden; d.h. beim Absinken des Wertes des Vermögens der Gesellschaft unter die Hälfte des Grundkapitals muss der Vorstand reagieren. Die Einberufung ist ordnungsgemäß, wenn die Verluste in die Tagesordnung aufgenommen und in den Gesellschaftsblättern veröffentlicht sind, § 124 Abs. 1 AktG. Die Verluste können aus der Jahresbilanz bzw. einer Zwischenbilanz ermittelt oder nach pflichtgemäßem Ermessen des Vorstands angenommen werden, § 92 Abs. 1 AktG. Falls ein Insolvenzantrag schon gestellt wurde, ist die Einberufung der Hauptversammlung nicht mehr erforderlich, da die Aktionäre sowieso keine

[76] Vgl. Priester, H.-J. (1999), S. 538 f.

Reaktionsmöglichkeit mehr haben.[77] Wird die Hauptversammlung durch den Vorstand nicht rechtzeitig oder nicht ordnungsgemäß einberufen, obwohl die Voraussetzungen des § 92 Abs. 1 AktG vorliegen, dann ist der Vorstand gegenüber der Gesellschaft zum Schadenserzatz verpflichtet, soweit ihn ein Verschulden trifft, § 93 Abs. 2 AktG. Allerdings wird es für die Gesellschaft problematisch sein, den entstandenen Schaden zu beweisen, da die Reaktionsmöglichkeiten der Hauptversammlung auf die Einberufung hauptsächlich auf Kapitalmaßnahmen und auf die Gesellschaftsauflösung begrenzt sind. Die Gesellschaft müsste folglich nachweisen, dass bei frühzeitiger Versammlung der Aktionäre eine derartige Maßnahme ergriffen worden wäre, die zu einer Verringerung des tatsächlich eingetretenen Verlustes geführt hätte.[78]

#### 3.2.1.2.2 Insolvenzantragspflicht

Zu den Pflichten des Vorstands gehört neben der Überwachung des Zahlenwerks der Gesellschaft auch das entsprechende Handeln auf die offensichtliche Illiquidität bzw. die Überschuldung.[79] Gem. § 92 Abs. 2 AktG (künftig § 15a Abs. 1 InsO)[80] muss der Vorstand unverzüglich die Eröffnung des Insolvenzverfahrens beantragen, wenn die Gesellschaft zahlungsunfähig oder überschuldet ist. Der Insolvenzantrag muss binnen drei Wochen beim Amtsgericht gestellt werden, § 92 Abs. 2 S.1 AktG. In dieser Zeitperiode kann der Vorstand Sanierungsschritte, die real erfolgversprechende Aussichten haben, für die Rettung der Gesellschaft vornehmen.[81] Die dreiwöchige Frist darf aber keinesfalls überschritten werden.[82] Bei der drohenden Zahlungsunfähigkeit[83] ist der Vorstand berechtigt aber nicht verpflichtet, die Insolvenzverfahren zu beantragen, § 18 InsO. Den Insolvenzantrag kann jedes einzelne Mitglied des Vorstands stellen. Wird der Antrag von einem Mitglied gestellt, dann sind die anderen davon befreit. Der Vorstand haftet, abgesehen von den Gläubigern der Gesellschaft im Außenverhältnis, auch gegenüber der Gesellschaft im Innenverhältnis für die eingetretenen Schäden, die durch den verspäteten Insolvenzantrag entstanden sind.[84]

---

[77] Vgl. Thümmel, R. C. (2008), Rdn. 128.
[78] Vgl. Thümmel, R. C. (2008), Rdn. 129.
[79] Vgl. Thümmel, R. C. (2008), Rdn. 130.
[80] Siehe dazu Ausführungen zur MoMiG, S. 13.
[81] Vgl. Habersack, M. (1999), § 92 Rdn. 66; BGH, Urteil vom 09.07.1979 (II ZR 118/77), BGHZ 75, S. 111.
[82] Vgl. BGH, Urteil vom 09.07.1979 (II ZR 118/77), BGHZ 75, S. 108.
[83] Der Begriff der drohenden Zahlungsunfähigkeit ist in § 18 Abs. 2 InsO legal definiert.
[84] Vgl. Thümmel, R. C. (2008), Rdn. 130.

#### 3.2.1.2.3 Vorbereitung und Ausführung von Hauptversammlungsbeschlüssen

Nach § 83 AktG ist der Vorstand verpflichtet, Maßnahmen, für die die Hauptversammlung zuständig ist, auf Verlangen der Hauptversammlung vorzubereiten sowie deren Beschlüsse auszuführen.[85] Weiterhin müssen der Vorstand und der Aufsichtsrat der Hauptversammlung Beschlussvorschläge unterbreiten, § 124 Abs. 3 S. 1 AktG. Hat die Hauptversammlung einen Beschluss wirksam gefasst, so ist der Vorstand von seinem Innenhaftungsrisiko befreit, § 93 Abs. 4 S. 1 AktG. Verstößt der Vorstand jedoch gegen Weisungen der Hauptversammlung oder gegen die Verpflichtung zur ordnungsgemäßen Vorbereitung sowie Durchführung von Beschlüssen, so ist er gem. § 93 Abs. 2 AktG gegenüber der Gesellschaft zum Schadensersatz verpflichtet, falls ein Schaden und Kausalität eingetreten ist.

#### 3.2.1.2.4 Pflichten bei Gründung der Gesellschaft

Bei der Gesellschaftsgründung muss der Vorstand zusätzliche Sorgfaltsanforderungen beachten. Der Vorstand muss neben den Begründern und dem Aufsichtsrat für die Richtigkeit und Vollständigkeit der zum Zwecke der Gründung gemachten Angaben Sorge tragen, §§ 36 ff. AktG. Darüber hinaus muss er sich um die Auswahl einer geeigneten Zahlstelle zur Annahme von Einzahlungen auf das Grundkapital kümmern, § 54 Abs. 3 AktG. Er trägt gem. § 48 AktG auch die Verantwortung für die Einzahlung der Beiträge, die zu seiner freien Verfügung stehen müssen. Weiterhin muss er den Gründungsverlauf hinsichtlich aller tatsächlichen und gesetzlichen Vorgänge kontrollieren. Im Besonderen müssen die aufgebrachten oder die zu erbringenden Einlagen geprüft werden, §§ 33 Abs. 1, 34 AktG.

Auch bei der Nachgründung muss der Vorstand die Sorgfaltspflichten des § 53 AktG beachten. Die Nachgründung liegt vor, wenn eine Aktiengesellschaft in den ersten zwei Jahren seit der Eintragung im Handelsregister Vermögensgegenstände erwirbt, die 10% des Grundkapitals übersteigen, § 52 AktG. Der Nachgründungsvertrag ist nur dann wirksam, wenn die Hauptversammlung dem zugestimmt hat und dieses in das Handelsregister eingetragen wurde.

Eine schuldhafte Pflichtverletzung bei Gründung macht den Vorstand gesamtschuldnerisch gegenüber der Gesellschaft schadensersatzpflichtig, § 48 AktG. Bei einem Verstoß gegen die Nachgründung ist der Vorstand ebenfalls schadensersatzpflichtig.[86]

---

[85] Vgl. Wiesner, G. (2007), § 25 Rdn. 74 f.

[86] Vgl. Thümmel, R. C. (2008), Rdn. 135.

#### 3.2.1.2.5 Wettbewerbsverbot

Laut § 88 Abs. 1 AktG unterliegt der Vorstand während seiner Beschäftigung einem umfangreichen Wettbewerbsverbot. Diese Vorschrift soll die Gesellschaft vor Wettbewerbshandlungen und vor sonstigem Einsatz der Arbeitskraft ihrer Vorstandsmitglieder schützen.[87] Ab dem Zeitpunkt der Vorstandsbestellung und bis zur Beendigung des Organ- und Anstellungsverhältnisses gilt das gesetzliche Wettbewerbsverbot.[88] Danach ist der Vorstand vom gesetzlichen Wettbewerbsverbot befreit.[89] Es kann aber im Dienstvertrag ein nachvertragliches Wettbewerbsverbot vereinbart werden. Ein solches Verbot ist aber nur bei einem berechtigten Interesse der Gesellschaft wirksam.[90] Die Einschränkungen der §§ 74 ff. HGB können auf Grund der Unternehmerfunktion des Vorstands nicht angewendet wenden.[91]

Gem. § 88 Abs. 1 AktG sind dem Vorstand der Betrieb eines eigenen Handelsgewerbes sowie die Beschäftigung in einer anderen Gesellschaft als Vorstand, Geschäftsführer oder persönlich haftender Gesellschafter verboten. Darüber hinaus darf er keine Geschäfte im Geschäftszweig der Gesellschaft auf eigene oder auf fremde Rechnung vornehmen. Der Aufsichtsrat kann aber den Vorstand von sämtlichen Einschränkungen des gesetzlichen Wettbewerbsverbotes befreien. Diese Befreiung muss sich jedoch auf eine konkrete Beschäftigung beziehen, § 88 Abs. 1 S. 3 AktG.

Bei der Verletzung des gesetzlichen Wettbewerbsverbotes durch ein Vorstandsmitglied kann die Gesellschaft nach § 88 Abs. 2 S. 1 AktG einen eigenmächtigen Schadensersatz verlangen. Bei der Verletzung des nachvertraglichen Wettbewerbsverbotes kommen Schadensersatzansprüche aus §§ 241 Abs. 2, 280 Abs. 1 BGB bzw. bei vereinbarten Vertragsstrafen die §§ 336 ff. BGB in Frage. Die Verjährungsfristen sind in § 88 Abs. 3 AktG gesondert geregelt.

#### 3.2.1.2.6 Berichtspflichten

Der Vorstand ist verpflichtet, dem Aufsichtsrat umfassend Bericht zu erstatten. So muss er gem. § 90 Abs. 1 und 2 AktG unaufgefordert Berichte in bestimmten zeitlichen Intervallen bzw. zu bestimmten Sitzungen des Aufsichtsrates vorlegen. Die Berichte müssen

---

[87] Vgl. BGH, Urteil vom 02.04.2001 (II ZR 217/99), WM 2001, S. 1068; BGH, Urteil vom 17.02.1997 (II ZR 278/95), WM 1997, S. 1016.
[88] Vgl. Hüffer, U. (2008), § 88 Rdn. 2; Mertens, H.-J. (1996b), § 88 Rdn. 5.
[89] Vgl. Mertens, H.-J. (1996b), § 88 Rdn. 26.
[90] Vgl. Hüffer, U. (2008), § 88 Rdn. 10.
[91] Vgl. Mertens, H.-J. (1996b), § 88 Rdn. 26.

sich mit der beabsichtigten Geschäftspolitik, der Gesellschaftsrentabilität, dem Gang der Geschäfte und mit wichtigen Einzelgeschäften befassen.[92]

Mit dem KonTraG wurde § 90 Abs. 1 Nr. 1 AktG ergänzt, indem die Planung des Unternehmens mehr in das Zentrum der Berichtspflicht gestellt wurde. Demzufolge muss der Vorstand dem Aufsichtsrat ständig über die Finanz-, Investitions- und Personalplanung berichten.[93] Mit dem TransPuG wurde § 90 Abs. 1 Nr. 1 AktG weiterentwickelt. Demnach müssen die Berichte über die Unternehmensplanung auch Bezug auf Abweichungen von den früher berichteten Zielen nehmen sowie die Ursachen für diese Abweichungen angeben. Die Berichte müssen auch Tochter- und Joint-Venture-Unternehmen einschließen, § 90 Abs. 1 S. 2 AktG.

Dem Vorsitzenden des Aufsichtsrates muss der Vorstand auch über sonstige wichtige Anlässe berichten, die auf das Unternehmen negative Auswirkungen haben können. Außerdem kann der Aufsichtsrat vom Vorstand zu jeder Zeit einen Bericht einfordern, § 90 Abs. 3 AktG. Nach § 90 Abs. 4 S. 1 AktG müssen die Berichte den Grundsätzen einer gewissenhaften und getreuen Rechenschaft entsprechen, d.h. die Berichte müssen lückenlos, sachlich korrekt und übersichtlich gegliedert sein, um dem Aufsichtsrat seine Kontrolle zu ermöglichen.[94] Die Berichte müssen rechtzeitig und i.d.R. in Textform (§ 90 Abs. 4 S. 2 AktG) den einzelnen Mitgliedern des Aufsichtsrates kommuniziert werden, § 90 Abs. 5 AktG.

Der Vorstand ist nach der Generalklausel des § 93 Abs. 2 AktG zum Schadensersatz verpflichtet, wenn er schuldhaft gegen seine Pflicht zum Berichten verstößt. Dies liegt vor, wenn er die geschuldeten Berichte nicht, inhaltlich unkorrekt oder inkomplett vorlegt.[95]

#### 3.2.1.2.7 Ordnungsgemäße Buchführung

In § 91 Abs. 1 AktG ist die Verpflichtung des Vorstands zur ordnungsgemäßen Buchführung explizit erwähnt. Außerdem entsteht diese Verpflichtung ebenfalls aus der Leitungsaufgabe des Vorstands, § 76 Abs. 1 AktG, sowie aus der Verpflichtung zur ordnungsgemäßen Geschäftsführung, § 93 Abs. 1 AktG. Die Buchführungspflicht wird in

[92] Vgl. Stößlein, M. (2006), S. 100; Schmidt, K. (2002), S. 868; Bak, J. (2003), S. 235.
[93] Vgl. Thümmel, R. C. (1997), S. 262.
[94] Vgl. Hüffer, U. (2008), § 90 Rdn. 13 f.
[95] Vgl. Thümmel, R. C. (2008), Rdn. 143.

§§ 238 ff. HGB konkretisiert und durch die Grundsätze ordnungsgemäßer Buchführung ergänzt.[96]
Verstößt der Vorstand gegen seine Pflicht zur Buchführung, dann ist er zum Schadensersatz gem. § 93 Abs. 2 AktG verpflichtet. Der Vorstand haftet auch für Fehler der Mitarbeiter, wenn er die Mitarbeiter nicht sorgfältig ausgewählt oder nicht bzw. ungenügend kontrolliert hat. Durch den Verstoß gegen die Buchführungspflicht können bei der Gesellschaft verschiedene Schäden entstehen, z.B. Steuerüberzahlung aufgrund falscher Gewinnermittlung, unrichtige Gewinnausschüttung usw. Für die Verletzung der Buchführungspflicht können die Vorstände u.U. auch strafrechtlich verfolgt werden, §§ 283b, 283 Abs. 1 Nr. 5 bis 7 StGB.[97] Die strafrechtlichen Fragen sind aber nicht Gegenstand dieser Arbeit.
Ebenso wird nicht auf die Pflichten bzw. die Haftung des Vorstands im Konzern eingegangen.

#### 3.2.1.2.8 Risikomanagement

Die Regelung des § 91 Abs. 2 AktG wurde durch das KonTraG eingeführt. Diese Regelung verpflichtet den Vorstand, ein System der Überwachung aufzubauen, welches die den Fortbestand der Gesellschaft gefährdenden Entwicklungen frühzeitig erkennen lässt. Durch diese Modifikation des Gesetzes wurde die Leitung des Vorstands in eigener Verantwortung (§ 76 Abs. 1 AktG) akzentuiert sowie die Sorgfaltspflicht und die Verantwortlichkeit der Vorstandsmitglieder (§ 93 Abs. 1, 2 AktG) konkretisiert.[98] Wie das Risikomanagement ausgestaltet werden muss, wurde gesetzlich nicht geregelt. Aus diesem Grund kann jedes Unternehmen individuell für sich die Instrumentarien und Prozesse der Überwachung von existenzgefährdenden Entwicklungen kreieren.[99]
Der Vorstand soll bei dem Risikomanagementsystem nicht alle Risiken selbst steuern, sondern er überträgt die Risikosteuerung auf die dafür zuständigen Mitarbeiter des Unternehmens. Die Aufgabe des Vorstands besteht darin, dass er die entsprechenden bestandsgefährdenden oder für die Vermögens-, Ertrags- und Finanzsituation bedeutsamen Risiken überwacht, wozu er in bestimmten Zeitabschnitten rechtzeitig Kenntnis von Berichten über die Risikolage nimmt.[100] Die Durchführung einer Risikoinventur durch Abfrage lediglich zum Bilanzstichtag und die Veranlassung ihrer Dokumentation im

[96] Vgl. Spindler, G. (2008b), § 91 Rdn. 6 f.; Küpper-Dirks, M. (2002), S. 8.
[97] Vgl. Küpper-Dirks, M. (2002), S. 8; Thümmel, R. C. (2008), Rdn. 145.
[98] Vgl. Baars, H.-H. (2006), S. 42.
[99] Vgl. Kuhl, K. / Nickel, J.-P. (1999), S. 133.
[100] Vgl. Bitz, H. (2000), S. 3 f.

Lagebericht nach § 289 HGB genügen deswegen nicht.[101] Außerdem muss das Frühwarnsystem bei börsennotierten Gesellschaften Gegenstand der Abschlussprüfung sein, § 317 Abs. 4 HGB.

Die Mitglieder des Vorstands müssen gem. § 93 Abs. 1 AktG bei der Wahrnehmung ihrer Geschäftsführertätigkeit die Sorgfalt eines ordentlichen und gewissenhaften Geschäftsleiters einhalten. Wenn sie ihre Pflichten verletzen, haften sie für den entstandenen Schaden als Gesamtschuldner, §§ 93 Abs. 2 S. 1 AktG, 426 BGB. Im Falle eines Rechtsstreites müssen die Vorstandsmitglieder gem. § 93 Abs. 2 S. 2 AktG ihr Nichtverschulden beweisen, sog. Beweislastumkehr.

#### 3.2.1.2.9 Verschwiegenheitspflicht

§ 93 Abs. 1 S. 3 AktG verpflichtet die Vorstandsmitglieder, über vertrauliche Angaben sowie Geschäftsgeheimnisse der Gesellschaft, welche sie durch ihre Tätigkeit erfahren, Stillschwiegen zu bewahren. Unabhängig von ihrer tatsächlichen Vertraulichkeit, unterliegen sämtliche Informationen der Verschwiegenheitspflicht, soweit die Gesellschaft ein Interesse an deren Geheimhaltung oder vertraulichen Behandlung hat.[102] Die Verschwiegenheitspflicht gilt im Prinzip auch gegenüber dem Betriebsrat oder dem Wirtschaftsausschuss, wenn keine ausdrücklichen Informationsrechte nach betriebsverfassungsrechtlichen Regeln vorliegen. Zwischen den Vorstandsmitgliedern und auch gegenüber dem Aufsichtsrat, den Abschlussprüfern sowie sonstigen Beratern besteht keine Pflicht zur Verschwiegenheit.[103]

Gem. § 131 AktG muss der Vorstand den Aktionären grundsätzlich Auskunft in der Hauptversammlung geben. Die Erteilung der Auskunft kann aber in den Fällen des § 131 Abs. 3 Nr. 1 bis 7 AktG vom Vorstand verweigert werden.

Mit dem Ausscheiden des Vorstandsmitglieds aus dem Amt dauert die Verschwiegenheitspflicht fort.[104] Die Fortdauer der Schweigepflicht gilt auch ohne ausdrückliche Vereinbarung.[105]

Verletzt der Vorstand schuldhaft seine Pflicht zur Verschwiegenheit und entsteht der Gesellschaft ein Schaden, so ist der Vorstand gem. § 93 Abs. 2 AktG gegenüber der Gesellschaft schadensersatzpflichtig.[106]

---

[101] Vgl. Baars, H.-H. (2006), S. 43.
[102] Vgl. Hüffer, U. (2008), § 93 Rdn. 7.
[103] Vgl. Hüffer, U. (2008), § 93 Rdn. 8.
[104] Vgl. Mertens, H.-J. (1996a), § 93 Rdn. 84; Hüffer, U. (2008), § 93 Rdn. 7.
[105] Vgl. Spindler, G. (2008a), § 93 Rdn. 61.
[106] Vgl. Zitzmann, A. / Taubert, H. (2005), S. 61.

Problematisch ist aber die Weitergabe von Unternehmensdaten an potenzielle Erwerber von Aktien oder Unternehmensanteilen im Rahmen einer „Due Diligence“[107], weil diese Weitergabe mit der Verschwiegenheitspflicht der Vorstandsmitglieder gem. § 93 Abs. 1 S. 2 AktG kollidieren kann.[108] Wenn die Weitergabe der Unternehmensdaten das unternehmerische Interesse darstellt und der Vorstand alle notwendigen Vorkehrungen nach seinem pflichtmäßigen Ermessen trifft, verstößt er nicht gegen die Verschwiegenheitspflicht.[109] Bei einem „Asset Deal“[110] ist die Offenlegung der Unternehmensdaten durch den Vorstand nicht problematisch, da die Gesellschaft selbst die Verkäuferin ist, die durch den Vorstand vertreten ist. Bei einem „Share Deal“[111] ist dagegen die Gesellschaft an der Transaktion überhaupt nicht beteiligt. Die Weitergabe der Unternehmensdaten kann nur beim unternehmerischen Interesse der Gesellschaft und nicht allein im Interesse des veräußernden Aktionärs stattfinden.[112]

#### 3.2.1.2.10 Unterlassung schädlicher Einflussnahme

Gem. § 117 AktG ist derjenige der Gesellschaft (und ihren Aktionären) zum Schadensersatz verpflichtet, der mit Vorsatz unter Benutzung seines Einflusses Verwaltungsmitglieder oder leitende Angestellte zu schädigenden Handlungen gegenüber der AG veranlasst. Auch die Vorstände können in Anspruch genommen werden, wenn sie auf die leitenden Angestellten im Sinne des § 117 AktG pflichtwidrig einwirken. Außerdem sind die Vorstände selbst verpflichtet, den Einflussversuchen Dritter zu widerstehen. Verletzt der Vorstand seine Pflichten, dann ist er gem. § 93 Abs. 2 AktG und zusätzlich gem. § 117 Abs. 1 oder Abs. 2 AktG zum Schadensersatz verpflichtet. Verhindert der Vorstand eine Beeinflussung pflichtwidrig nicht, dann haften er gesamtschuldnerisch mit denjenigen, die bei der Beeinflussung aktiv teilgenommen haben, § 117 Abs. 2 AktG.[113]

---

[107] Es gibt keine allgemeine Definition für den Begriff „Due Diligence“. Unter diesem Begriff wird i.d.R. Folgendes verstanden: “The diligence reasonably expected from, and ordinarily exercised by, a person who seeks to satisfy a legal requirement or to discharge an obligation. A prospective buyer´s or broker´s investigation and analysis of a target company, a piece of property, or a newly issued security”, Black, H. C. (Hrsg.) (1999), S. 468.

[108] Vgl. Zitzmann, A. / Taubert, H. (2005), S. 61.

[109] Vgl. Hopt, K. J. (1999), § 93 Rdn. 213; Spindler, G. (2008a), § 93 Rdn. 63.

[110] Bei einem Asset Deal veräußert der Unternehmensträger seine sämtliche Vermögenswerte einem Erwerber, vgl. Zanner, A. / Doehner, R. (2006), S. 21.

[111] Bei einem Share Deal werden nur die Beteiligungsrechte am Unternehmensträger den Inhaber wechseln, vgl. Zanner, A. / Doehner, R. (2006), S. 21.

[112] Vgl. Ziemons, H. (1999), 498 f.

[113] Vgl. Schmidt, K. (2002), S. 896; Thümmel, R. C. (2008), Rdn. 151.

#### 3.2.1.2.11 Compliance-Erklärung

Gem. § 161 AktG müssen der Vorstand und der Aufsichtsrat der börsennotierten Gesellschaften jährlich eine Compliance-Erklärung abgeben.[114] Ein Verstoß gegen die Pflichten aus § 161 AktG zieht keine große Haftung nach sich. Im Falle einer falschen oder unterlassenen Erklärung ist eine Sorgfaltspflichtverletzung anzunehmen, die einen Haftungsgrund für Organe gem. § 93 Abs. 2 AktG darstellt.[115]

Ein Schaden kann durch die Verletzung des § 161 AktG schwerlich bei der Gesellschaft entstehen. Es kann nur ein kausaler Schaden entstehen. Die Gesellschaft muss in einem solchen Fall beweisen, dass bei korrekter Erklärung Maßnahmen unternommen worden wären, die die Vermögenslage der Gesellschaft hätten verbessern können. Bei der Nichtbeachtung des § 161 AktG wird i.d.R. der Verlust des „Good-Will" zu erwarten sein, der in Geld schwer zu beziffern ist. Außerdem kann der zukunftsbezogene Erklärungsteil als Absichtserklärung interpretiert werden, die unverbindlich für die Gesellschaft ist und somit keine Haftung nach sich zieht.[116]

### 3.2.1.3 Allgemeine Sorgfaltspflichten des Vorstands

Gem. § 93 Abs. 1 S. 1 AktG müssen die Vorstandsmitglieder bei ihrer Leitung „die Sorgfalt eines ordentlichen und gewissenhaften Geschäftsleiters" anwenden. Diese Vorschrift hat eine Doppelfunktion. Zum einen bestimmt sie den Verschuldensmaßstab für die Haftung nach § 93 Abs. 2 AktG, zum anderen formuliert sie die allgemeinen Verhaltenspflichten der Unternehmensführer in Form einer Generalklausel.[117] Konkretisiert wird die Regelung erst durch Einbeziehung der Vorstandsaufgaben gem. § 76 Abs. 1 AktG bei ihrer Anwendung. Gem. § 76 Abs. 1 AktG muss der Vorstand die Gesellschaft unter eigener Verantwortung leiten. Der Geschäftsleitungsinhalt und -umfang sind von der Geschäftsart, -größe sowie von der konkreten Situation abhängig.[118]

Der Vorstand muss bei der Erfüllung der allgemeinen Pflichten wie ein Treuhänder die Gesellschaftsinteressen verteidigen sowie alles Schädliche unterlassen. Daraus entstehen zwei zentrale Pflichtenkreise. Der Vorstand ist zur ordnungsmäßigen Wahrnehmung der Organfunktion sowie zur Treuepflicht verpflichtet.[119]

---

[114] Im Übrigen wird auf die Ausführungen im Kapitel 2.3 Corporate Governance verwiesen.
[115] Vgl. Thümmel, R. C. (2008), Rdn. 153.
[116] Vgl. Becker, T. (2005), S. 177; Thümmel, R. C. (2008), Rdn. 153; Hopt, K. J. (1999), Rdn. 275.
[117] Vgl. Spindler, G. (2008a), § 93 Rdn. 17; Hüffer, U. (2008), § 93 Rdn. 3a.
[118] Vgl. Thümmel, R. C. (2008), Rdn. 182.
[119] Vgl. Hüffer, U. (2008), § 93 Rdn. 4; Spindler, G. (2008a), § 93 Rdn. 22.

#### 3.2.1.3.1 Ordnungsgemäße Wahrnehmung der Organfunktion

##### 3.2.1.3.1.1 Unternehmerischer Gestaltungsspielraum

Der Unternehmensleiter hat innerhalb der (an sich unverbindlichen) betriebswirtschaftlichen Regeln und Erkenntnisse, zusammen mit den rechtlichen Vorgaben einen Gestaltungsspielraum bzw. Ermessen, innerhalb derer er handeln muss.[120]

Das hat der BGH in der „ARAG/Garmenbeck"-Entscheidung bestätigt, mit der Begründung, dass ohne einen weiten Handlungsspielraum die unternehmerische Tätigkeit überhaupt nicht denkbar ist. Zum Handlungsspielraum zählen das gewollte Eingehen geschäftlicher Risiken, sowie die Gefahr von Fehlbeurteilungen und -einschätzungen, der jeder Unternehmensführer ausgesetzt ist.[121] Für die oben erwähnte Problematik wurde im US-amerikanischen Gesellschaftrecht die sog. „Business Judgment Rule"[122] entwickelt. Mit der „ARAG/Garmenbeck"-Entscheidung hat diese Vernunftregelung die Gültigkeit auch in Deutschland erlangt. Mittlerweile ist diese Regelung, für die die amerikanische Business Judgment Rule als Vorbild diente, auch im deutschen Recht durch das UMAG in § 93 Abs. 1 S. 2 AktG kodifiziert.[123]

Dank diesem unternehmerischen Ermessen können die Vorstände, die innerhalb des Gestaltungsspielraums agieren, nicht in Haftung genommen werden. Die Ermittlung des Gestaltungsspielraums ist aber kompliziert und hängt vom Einzelfall ab. Auch die risikoreicheren Geschäfte können von Vorständen vorgenommen werden, wenn sie sinnvoll sind. Beim Überschreiten des Ermessensrahmens kann der Vorstand aufgrund des Missmanagements in Haftung genommen werden.[124]

Nach § 93 Abs. 1 S. 2 AktG verletzt das Vorstandsmitglied seine Pflichten nicht, wenn es bei einer unternehmerischen Entscheidung vernünftigerweise annehmen durfte, auf der Basis angebrachter Informationen zum Wohlergehen der Gesellschaft zu handeln. Dadurch werden die wichtigsten Eckpfeiler des unternehmerischen Ermessens fixiert. Nach dieser Regelung handelt der Vorstand im Grunde haftungsfrei, also im unternehmerischen Ermessen, wenn er eine unternehmerische Entscheidung trifft, welche auf der Grundlage einer ausreichend breiten Information basiert und sich im Zeitpunkt der Entscheidung am Unternehmenswohl orientiert sowie gegen keine zwingenden gesetzlichen

---

[120] Vgl. Küpper-Dirks, M. (2002), S. 13; Thümmel, R. C. (2008), Rdn. 185.

[121] Vgl. BGH, Urteil vom 21.04.1997 (II ZR 175/95), BGHZ 135, S. 253; Hölscher, L. / Nestler, A. / Otto, R. (2007), S. 47.

[122] Die Business Judgment Rule bedeutet sinngemäß, „dass Entscheidungen des Managements der Gerichtskontrolle entzogen sind, solange das Management die Voraussetzungen rechtmäßiger Ermessensausübung eingehalten hat.", Schmidt, K. (2002), S. 815.

[123] Vgl. Thümmel, R. C. (2008), Rdn. 185; Paefgen, W. G. (2004), S. 246.

[124] Vgl. Küpper-Dirks, M. (2002), S. 14; Thümmel, R. C. (2008), Rdn. 186.

Bestimmungen verstößt.[125] Der Vorstand muss allerdings im Streitfall beweisen bzw. darlegen, dass er bei seiner Tätigkeit die Grenzen des Ermessens nicht überschritten bzw. beachtet hat.[126]

Zu der deutschen Business Judgement Rule gehören lediglich die unternehmerischen Entscheidungen, die nach unternehmerischen Zweckmäßigkeitsgesichtspunkten getroffen werden und juristische Handlungsspielräume haben. Die Pflichtaufgaben[127] des Vorstands sind von der Business Judgement Rule nicht erfasst.[128]

Bei gesetzlichen Handlungsgeboten bzw. -verboten hat der Vorstand keine Wahlmöglichkeiten, sog. gebundene Entscheidungen. Aus diesem Grund ist das unternehmerische Ermessen nur unter Beachtung des von der Rechtsordnung gesetzten Rahmens rechtmäßig. Zu dem Rechtsrahmen gehören bspw. die zwingenden Vorschriften des Aktienrechts, die Gesellschaftssatzungsregeln und die Aufsichtsratsbeschlüsse.[129]

Der Vorstand muss für das Gesellschaftswohl agieren und nicht in eigenem Interesse bzw. dem von Dritten. Handelt der Vorstand eigennützig, dann handelt er nicht mehr im Rahmen des unternehmerischen Ermessens. Der Anlass für alle Maßnahmen muss die Gesellschaftsförderung sein. Außerdem muss das Vorstandsmitglied laut § 93 Abs. 1 S. 2 AktG „vernünftigerweise annehmen" dürfen, dass das Wohl der Gesellschaft durch die Maßnahme gesteigert wird. Die Entscheidung für die Maßnahme muss auf den verlässlichen betriebswirtschaftlichen und kaufmännischen Standards basieren. Dazu müssen auch alle Alternativen nachvollziehbar abgewogen werden.[130]

Der Vorstand kann auch auf unternehmerisches Ermessen verweisen, wenn er auf der Basis angemessener Information eine Entscheidung getroffen hat. Er muss alle verfügbaren Erkenntnisquellen ausschöpfen, d.h. er muss bei fehlender Fachkunde Expertenmeinung einholen.[131] Bei komplexen und risikoreichen Geschäften müssen entsprechend mehr und ausführlichere Informationen zur Verfügung stehen. Der Vorstand kann bspw. u.U. seine Informationspflicht verletzen, wenn er keine Due Diligence bei der Unternehmensakquisition vornimmt.[132]

Mit Hilfe der beschaffenen Information muss der Vorstand die Alternativen sowie deren Auswirkungen abwägen. Durch die Abwägung der Alternativen kann der Vorstand fest-

---

[125] Vgl. Hopt, K. J. (1999), § 93 Rdn. 83; Thümmel, R. C. (2008), Rdn. 188 f.
[126] Vgl. Thümmel, R. C. (2008), Rdn. 190.
[127] Z.B. §§ 83, 90, 91, 92 Abs. 1 und 2, 124 Abs. 3, 131, 161, 170 Abs. 1 AktG etc.
[128] Vgl. Krieger, G. (2007), § 3 Rdn. 9; Schneider, S. H. (2005), S. 709.
[129] Vgl. Thümmel, R. C. (2008), Rdn. 192.
[130] Vgl. Thümmel, R. C. (2008), Rdn. 193 f.
[131] Vgl. Hopt, K. J. (1999), § 93 Rdn. 84.
[132] Vgl. Thümmel, R. C. (2008), Rdn. 198.

stellen, welche von den Alternativen für das Gesellschaftswohl vernünftigerweise die Beste ist.[133]

#### 3.2.1.3.1.2 Organisation des Unternehmens

Für die Schäden, die durch das Verhalten der Mitarbeiter des Unternehmens verursacht worden sind, haftet der Vorstand, wenn er seine Organisationspflichten verletzt hat.[134] Die Organisation der Gesellschaft muss so aufgebaut werden, dass die Schäden abgewendet werden und alle Rechtspflichten Dritten gegenüber erfüllt werden.[135] Ferner muss der Vorstand die Organisation so aufbauen, dass er über die wirtschaftliche und finanzielle Situation der Gesellschaft immer den Überblick behält.[136] Bei der Unterlassung der organisatorischen Vorkehrungen innerhalb des unternehmerischen Ermessens ist der Vorstand beim Schadenseintritt gegenüber der Gesellschaft schadensersatzpflichtig.[137]

#### 3.2.1.3.1.3 Delegation und Ressortaufteilung

Der Vorstand kann sowohl aus einer als auch aus mehreren Personen bestehen, § 76 Abs. 2 S. 1 AktG. Bei mehrgliedrigen Vorständen sind grundsätzlich alle Vorstandsmitglieder gem. § 77 Abs. 1 S. 1 AktG für sämtliche Geschäfte innerhalb des Unternehmens gemeinschaftlich zuständig, sog. Allzuständigkeit. Die Satzung bzw. die Geschäftsordnung kann von den Bestimmungen des § 77 Abs. 1 S. 1 AktG abweichen, indem die Gesamtgeschäftsführung durch ein System der Einzelgeschäftsführung mittels Ressortzuweisung auf bestimmte Vorstandsmitglieder ersetzt wird, § 77 Abs. 1 S. 2 AktG. Zugleich sind alle Vorstandsmitglieder gemeinsam für die Erledigung der Geschäfte verantwortlich und haften der Gesellschaft gegenüber solidarisch als Gesamtschuldner, sog. Gesamtverantwortung.[138] Da die Umsetzung der Allzuständigkeit und der Gesamtverantwortung in der unternehmerischen Praxis i.d.R. unmöglich ist, werden die Aufgaben delegiert. Es gibt vertikale, horizontale sowie externe Delegation. Bei vertikaler Delegation werden die Aufgaben auf untergeordnete Hierarchiestufen verlagert. Bei horizontaler Delegation werden die Aufgaben innerhalb derselben Hierarchie-

[133] Vgl. Thümmel, R. C. (2008), Rdn. 199.
[134] Vgl. Hoffmann, D. / Liebs, R. (2000), Rdn. 804.
[135] Vgl. Küpper-Dirks, M. (2002), S. 14.
[136] Vgl. Seibert, U. (2000), S. 430.
[137] Vgl. Küpper-Dirks, M. (2002), S. 14.
[138] Vgl. Schmidt-Husson, F. G. (2007), § 7 Rdn. 2; Heimbach, H.-J. / Boll, L. (2001), S. 802; Henn, G. (2002), § 18 Rdn. 574.

stufe verteilt.[139] Bei der externen Delegation werden die Aufgaben auf externe Dritte delegiert, sog. Outsourcing.[140] Auf der Vorstandsebene werden bei der horizontalen Delegation die Ressorts aufgeteilt.

Es gibt Pflichten, die nicht delegierbar sind. Dazu gehören die Pflichten, die durch das Gesetz ausdrücklich direkt dem Vorstand zugeteilt sind, z.B. die Insolvenzantragspflicht, die Jahresabschlussaufstellungspflicht, die Pflicht zur Einrichtung und Kontrolle eines Risikofrüherkennungssystems, die Berichtspflicht gegenüber dem Aufsichtsrat, die Pflichten gegenüber der Hauptversammlung, öffentlich-rechtliche Pflichten etc.[141] Die originären Leitungsaufgaben im Rahmen des Geschäftsführungsbereichs sind auch nicht delegierbar. So verbleiben die Bereiche Unternehmensplanung, -koordinierung und -kontrolle sowie Führungspostenbesetzung in der Zuständigkeit des Gesamtvorstands.[142] Der Vorstand kann dabei die Unterstützung seitens der Kollegen oder Mitarbeiter bekommen, was ihn von seiner Verpflichtung aber nicht befreit.[143]

Bei erlaubter Delegation muss der Vorstand die notwendige Sorgfalt bei der Auswahl, der Einweisung sowie der Überwachung des Delegierten anwenden. Ein Sorgfaltsmangel liegt vor, wenn die Mitarbeiter ungenügend kontrolliert werden. In einem solchen Fall kann der Vorstand im Innenverhältnis in Haftung genommen werden.[144]

Wenn die Ressortaufteilung erlaubt ist und ein Ressort einem Vorstandsmitglied zugeteilt wurde, dann sind die anderen Mitglieder des Vorstands nicht mehr zur ordnungsgemäßen Geschäftsführung dieses Ressorts verpflichtet. Sie müssen dieses Ressort nur überwachen und bei Anzeichen von Fehlern eingreifen.[145] Das ressortführende Vorstandsmitglied haftet in erster Linie für sein Ressort.[146]

Um den Pflichtenumfang der Vorstandsmitglieder zu reduzieren, müssen die Ressorts effektiv aufgeteilt werden. Die Aufteilung der Ressorts wird entweder in der Satzung oder in einem Geschäftsverteilungsplan festgelegt. Darüberhinaus müssen die unterschiedlichen Zuständigkeitsbereiche klar voneinander abgegrenzt werden. Der Ressortführer muss die notwendige Qualifikation in seinem Tätigkeitsbereich haben. Der Ressortführer muss über die seinen Ressort betreffenden Angelegenheiten andere Vorstandsmitglieder informieren, um ihnen die Erfüllung der Überwachungspflicht zu er-

---

[139] Vgl. Heimbach, H.-J. / Boll, L. (2001), S. 801; Thümmel, R. C. (2008), Rdn. 202.
[140] Vgl. Schmidt-Husson, F. G. (2007), § 7 Rdn. 7.
[141] Vgl. Schmidt-Husson, F. G. (2007), § 7 Rdn. 14.
[142] Vgl. Semler, J. (1996), S. 10; Hoffmann-Becking, M. (1998), S. 509; Mertens, H.-J. (1996c), § 77 Rdn. 18; Fleischer, H. (2003), S. 5.
[143] Vgl. Thümmel, R. C. (2008), Rdn. 203.
[144] Vgl. Schmidt-Husson, F. G. (2007), § 7 Rdn. 21 f.
[145] Vgl. Heimbach, H.-J. / Boll, L. (2001), S. 805.
[146] Vgl. Krieger, G. (2007), § 3 Rdn. 13.

möglichen.[147] In der Praxis wird i.d.R. zuerst der Vorstandsvorsitzende darüber informiert und er entscheidet, ob der Gesamtvorstand einzuschalten ist.[148] Der Vorstandsvorsitzende muss beim Vorliegen der unvollständigen Informationen oder bei Zweifeln selbständig alles überprüfen und darf sich nicht auf den Bericht des Kollegen verlassen.[149]

#### 3.2.1.3.2 Treuepflichten

Unter der Treuepflicht wird die Loyalität der Vorstandsmitglieder gegenüber den Interessen und Belangen der Gesellschaft verstanden.[150] Dem Vorstand ist das Vermögen der Gesellschaft treuhänderisch überlassen. Aus diesem Grund ist er verpflichtet, die Gesellschaft zu schützen und für sie zu sorgen. Das Unternehmenswohl muss bei der Vorstandstätigkeit an erster Stelle stehen und nicht die eigenen wirtschaftlichen Vorteile.[151] Deswegen hat der Gesetzgeber in § 88 AktG ein Wettbewerbsverbot bzw. in § 93 Abs. 1 S. 3 AktG die Verschwiegenheitspflicht kodifiziert, um die Gesellschaft vor Untreue durch Vorstandsmitglieder zu schützen. Verletzt das Vorstandsmitglied seine Treuepflicht zu Lasten der Gesellschaft, dann ist es schadensersatzpflichtig.

Zu der Treuepflicht der Vorstandsmitglieder gehört die sog. Geschäftschancenlehre. Diese Lehre wurde in Anlehnung an „corporate opportunity doctrine“[152] aus dem amerikanischen Gesellschaftsrecht entwickelt.[153] Demzufolge dürfen die Vorstandsmitglieder die Geschäftschancen der Gesellschaft nicht für sich selbst ausnutzen. Es ist unwichtig, ob sie diese Kenntnisse geschäftlich oder privat erlangt haben. Die Geschäftschancen müssen bzw. können lediglich für die Gesellschaft selbst genutzt werden.[154] Verletzt das Vorstandsmitglied schuldhaft die Gesellschaftschancenbindung, dann hat die Gesellschaft gegen ihn einen Schadensersatzanspruch wegen nicht wahrgenommener Geschäftsmöglichkeit.[155]

---

[147] Vgl. Thümmel, R. C. (2008), Rdn. 207 f.
[148] Vgl. Heimbach, H.-J. / Boll, L. (2001), S. 805.
[149] Vgl. Thümmel, R. C. (2008), Rdn. 208
[150] Vgl. Friedrich, M. A. (2002), S. 20.
[151] Vgl. Hopt, K. J. (1999), § 93 Rdn. 148 f.; BGH, Urteil vom 12.06.1989 (II ZR 334/87), NJW-RR 1989, S. 1255.
[152] "Corporate opportunity doctrine is the legal principle that the members of the board of directors, executives, and other employees of a firm owe it a fiduciary duty, and may not use the information acquired in their official capacity for personal gain", o. V. (2008b).
[153] Vgl. Löhnig, M. (2006), S. 372.
[154] Vgl. Thümmel, R. C. (2008), Rdn. 212.
[155] Vgl. Thümmel, R. C. (2008), Rdn. 214.

### 3.2.2 Verschulden

§ 93 Abs. 2 AktG erfordert das Verschulden des Vorstands als Haftungsvoraussetzung.[156] Ein Verschulden ist zu bejahen, wenn der Vorstand vorsätzlich oder fahrlässig seine Pflichten verletzt hat.[157] Genügt das Vorstandsmitglied dem Sorgfaltsstandard des § 93 Abs. 1 S. 1 AktG, d.h. beachtet es „die Sorgfalt eines ordentlichen und gewissenhaften Geschäftsleiters", dann ist es nicht schadensersatzpflichtig.[158] Für den Vorstand gilt ein objektivierter Verschuldensmaßstab, d.h. auf seine individuell-subjektiven Fähigkeiten wird keine Rücksicht genommen. Das Vorstandsmitglied kann also nicht auf z.B. mangelnde Erfahrung, Fähigkeiten und Kenntnisse verweisen, um sich zu exkulpieren.[159]

Jedes Vorstandsmitglied muss Eignung und Fachwissen haben, die ihm ermöglichen, diesem Maßstab zu entsprechen. Alle Vorstandsmitglieder müssen den Sorgfaltsanforderungen eines durchschnittlichen Vorstandsmitglieds entsprechen.[160]

### 3.2.3 Schaden und Kausalität

Die Schadensersatzpflicht setzt voraus, dass der Gesellschaft durch eine Pflichtverletzung des Vorstandsmitglieds ein Schaden entstanden ist.[161] Unter einem Schaden wird jede unfreiwillige Beeinträchtigung des Gesellschaftsvermögens verstanden. Die Schadensermittlung erfolgt nach der Differenzhypothese: der Ist-Zustand wird mit dem Soll-Zustand verglichen, also das aktuelle Gesellschaftsvermögen mit dem fiktiven Gesellschaftsvermögen, das ohne pflichtwidrige Handlung vorhanden wäre.[162]

Für den Schadensersatz gelten grundsätzlich die Bestimmungen der §§ 249 ff. BGB.[163] Insbesondere ist auch der entgangene Gewinn gem. § 252 BGB eine wichtige mögliche Schadensposition.[164]

Es muss auch Kausalität zwischen der Pflichtverletzung und dem Schaden bestehen. Die Kausalität wird mit Hilfe der Äquivalenz, Adäquanz und dem Schutzzweck der Norm bestimmt.[165]

---

[156] Vgl. Hüffer, U. (2008), § 93 Rdn. 14.
[157] Vgl. Spindler, G. (2008a), § 93 Rdn. 82; Mertens, H.-J. (1996a), § 93 Rdn. 98.
[158] Vgl. Hüffer, U. (2008), § 93 Rdn. 14.
[159] Vgl. Spindler, G. (2008a), § 93 Rdn. 83; Hüffer, U. (2008), § 93 Rdn. 14.
[160] Vgl. BGH, Urteil vom 15.11.1982 (II ZR 27/82), BGHZ 85, S. 295.
[161] Vgl. Krieger, G. (2007), § 3 Rdn. 31.
[162] Vgl. Küpper-Dirks, M. (2002), S. 23; Thümmel, R. C. (2008), Rdn. 222.
[163] Vgl. Hüffer, U. (2008), § 93 Rdn. 15; Krieger, G. (2007), § 3 Rdn. 31.
[164] Vgl. Thümmel, R. C. (2008), Rdn. 224.
[165] Vgl. Hüffer, U. (2008), § 93 Rdn. 15; Bürgers, T. / Israel, A. (2008), § 93 Rdn. 23.

Die Äquivalenztheorie besagt, dass jede Pflichtverletzung kausal ist, die nicht hinweg gedacht werden kann, ohne dass der Schaden entfiele.[166]

Adäquat kausal ist jede Pflichtverletzung, die im Allgemeinen und nicht nur unter besonders eigenartigen, unwahrscheinlichen und nach dem gewöhnlichen Verlauf der Dinge außer Betracht zu lassenden Umständen geeignet ist, den konkret eingetretenen Schaden allein oder im Zusammenwirken mit anderen Umständen herbeizuführen.[167]

Nach der Lehre vom Schutzzweck der Norm erfolgt die Zurechnung nur von solchen Nachteilen, die aus dem Bereich der Gefahren stammen, zu deren Abwendung die verletzte Innenhaftungsnorm (z.B. §§ 51, 93 AktG) gerade erlassen wurde. Entscheidend ist hierbei eine am Normzweck und den Umständen des Einzelfalls ausgerichtete, wertende Beurteilung. Zu ermitteln ist, ob die verletzte Norm nach ihrem Sinn und Zweck gerade gegen solche Verletzungen Schutz gewähren will.[168]

In der Regel ergeben sich daraus keine Beschränkungen der Innenhaftung, weil das Verhalten des Vorstands allgemein geeignet ist, Vermögensschäden bei der Gesellschaft zu verursachen, und es Ziel der Innenhaftung ist, diese eventuelle Schädigung aufzufangen.[169]

### 3.2.4 Darlegungs- und Beweislast

Nach § 93 Abs. 2 S. 2 AktG muss der Vorstand darlegen und beweisen, dass er die Sorgfalt eines ordentlichen und gewissenhaften Geschäftsleiters angewandt hat, wenn es zu einem Rechtsstreit kommt. Diese Beweislastumkehr gilt sowohl für die Pflichtwidrigkeit als auch für das Verschulden.[170]

Die Gesellschaft, die durch den Aufsichtsrat vertreten ist (§ 112 AktG), muss darlegen und beweisen, dass bei ihr durch das Verhalten des in Anspruch genommenen Vorstandsmitglieds ein Schaden entstanden ist. Sie muss also die schädigende Handlung oder Unterlassung, die konkrete Höhe des eingetretenen Schadens sowie die adäquate Kausalität zwischen dem Verhalten des Vorstandsmitglieds und dem verursachten Schaden beweisen und darlegen.[171]

Der Vorstand muss seinerseits darlegen und beweisen, dass er pflichtgemäß und schuldlos gehandelt hat oder dass der Schaden auch bei pflichtgemäßem Alternativverhalten

---

[166] Vgl. Fleischer, H. (2006), § 11 Rdn. 64.
[167] Vgl. Küpper-Dirks, M. (2002), S. 22.
[168] Vgl. Krieger, G. / Sailer, V. (2008), § 93 Rdn. 30; Thümmel, R. C. (2008), Rdn. 222.
[169] Vgl. Thümmel, R. C. (2008), Rdn. 222.
[170] Vgl. Krieger, G. / Sailer, V. (2008), § 93 Rdn. 31.
[171] Vgl. Hüffer, U. (2008), § 93 Rdn. 16; Spindler, G. (2008a), § 93 Rdn. 87.

eingetreten wäre. Der Vorstand muss also im Prozess die entsprechenden Tatsachen vortragen und beweisen, sog. Beweislastumkehr.[172]
Ebenfalls besteht die Beweislastumkehr bei der Verletzung der im Gesetz genannten Sonderpflichten von Vorständen, § 93 Abs. 3 AktG.[173] Bei den Sondertatbeständen besteht eine widerlegliche Vermutung, dass ein Schaden in Höhe der abgeflossenen Mittel entstanden ist.[174]
Die Beweislastumkehr zu Ungunsten des Vorstands stellt die Innenhaftung in die Nähe einer Garantiehaftung für gewinnschmälernde Maßnahmen des Geschäftsführers.[175] Einerseits hilft der AG bei dem Nachweis der Kausalität der Beweis des ersten Anscheins. Andererseits wird es dem Vorstandsmitglied schwierig sein, sich hinsichtlich der Pflichtwidrigkeit oder des Verschuldens zu exkulpieren. Das Vorstandsmitglied muss darlegen, dass es innerhalb des unternehmerischen Ermessens agierte, z.B. durch Vorlage der entsprechenden Dokumentation des Abwägungsvorgangs.[176]
Die Sozialaufwendungen, z.B. Geschenke an Geschäftspartner, Bewirtungskosten oder Spenden, führen zwar zur Vermögensminderung, sind aber nicht pflichtwidrig, weil sie den Gesellschaftsinteressen dienen. Deswegen greift in diesem Fall keine Beweislastumkehr für den Vorstand ein. Bestechungsgelder sind dagegen aufgrund der Straftatbestände immer pflichtwidrig, § 299 Abs. 2 StGB, Art. 2, §§ 1, 2 IntBestG[177], sodass hier für das betroffene Vorstandsmitglied die Beweislastumkehr gilt.[178]

### 3.2.5 Gesamtschuldnerische Haftung

Die Vorstandsmitglieder haften gegenüber der Gesellschaft auch bei einer Ressortaufteilung gem. § 93 Abs. 2 S. 1 AktG gesamtschuldnerisch, §§ 421 ff. BGB. Danach kann die Aktiengesellschaft jedes haftende Vorstandsmitglied in Bezug auf den Gesamtschaden in Anspruch nehmen, ohne Rücksicht auf den Grad seines Verschuldens, §§ 421, 426 Abs. 1 S. 1 BGB. Das in Anspruch genommene Vorstandsmitglied kann aber im Innenverhältnis gem. §§ 426 Abs. 2 i.V.m. 254 BGB die anderen mithaftenden Vorstandsmitglieder anteilig, ja nach dem jeweiligen Verschulden, in Regress nehmen.

---

[172] Vgl. BGH, Urteil vom 04.11.2002 (II ZR 224/00), BGHZ 152, S. 284, Hüffer, U. (2008), § 93 Rdn. 16.
[173] Vgl. Kurzwelly, J.-P. (2007), § 14 Rdn. 19.
[174] Vgl. Thümmel, R. C. (2008), Rdn. 227.
[175] Vgl. Thümmel, R. C. / Sparberg, M. (1995), S. 1015.
[176] Vgl. Thümmel, R. C. (2008), Rdn. 228.
[177] Gesetz zu dem Übereinkommen vom 17. Dezember 1997 über die Bekämpfung der Bestechung ausländischer Amtsträger im internationalen Geschäftsverkehr.
[178] Vgl. Thümmel, R. C. (2008), Rdn. 230.

### 3.2.6 Verjährung

Die Ansprüche auf den Schadensersatz aus § 93 Abs. 2 AktG verjähren gem. § 93 Abs. 6 AktG in fünf Jahren. Die fünfjährige Verjährungsfrist gilt auch für die meisten der oben beschriebenen Sondertatbestände der Innenhaftung. Die Ausnahme bildet z.B. § 88 Abs. 3 AktG, der Verstoß gegen das Wettbewerbsverbot, mit der dreimonatigen Verjährungsfrist.[179]

Die Verjährungsfrist beginnt gem. § 200 BGB unabhängig von der Kenntniserlangung mit der Entstehung des Anspruchs, d.h. mit dem Zeitpunkt, ab dem die AG den Anspruch hätte erstmals gerichtlich geltend machen können.[180] Die Veränderung oder die Verkürzung der Verjährungsfrist sind sowohl nach der Satzung als auch nach dem Vertrag unzulässig.[181]

Die konkurrierenden Ansprüche auf Schadensersatz aus der deliktischen Haftung verjähren selbstständig. In diesem Fall gilt gem. § 195 BGB die dreijährige regelmäßige Verjährungsfrist. Die dreijährige Verjährungsfrist läuft nach § 199 Abs. 1 BGB ab dem Jahresschluss, in dem der Anspruch entstanden ist und die Gesellschaft vom Schädiger und vom anspruchsbegründenden Sachverhalt Kenntnis erlangt hat oder grobfahrlässig in Unkenntnis geblieben ist.[182]

# 4 D&O-Versicherung

## 4.1 Entwicklung der D&O-Versicherung

Der Gedanke der Einführung einer Haftpflichtversicherung für Organe der juristischen Personen ist zum ersten Mal im Jahre 1895 in Deutschland entstanden. Der Allgemeine Deutsche Versicherungsverein beschloss als Reaktion auf das Verabschieden der sog. „Jahrhundertgesetze", d.h. der Aktien- (1894), der Genossenschafts- (1889) und der GmbH-Gesetze (1892), eine Haftpflichtversicherung für Aufsichtsräte anzubieten.[183] Aus diesem Anlass entstand eine heftige Diskussion über die Unzulässigkeit, die Unvertretbarkeit[184] sowie über die Unmoral eines solchen Versicherungsprodukts.[185] Diese Versicherungsart wurde in der Öffentlichkeit u.a. als Bequemlichkeitsversicherung und

[179] Vgl. Bürgers, T. / Israel, A. (2008), § 93 Rdn. 54; Thümmel, R. C. (2008), Rdn. 231.
[180] Vgl. Hüffer, U. (2008), § 93 Rdn. 37; BGH, Urteil vom 15.4.1999 (IX ZR 328/97), BGHZ 100, S. 231.
[181] Vgl. Fleischer, H. (2006), § 11 Rdn. 120; Spindler, G. (2008a), § 93 Rdn. 157.
[182] Vgl. Thümmel, R. C. (2008), Rdn. 234.
[183] Vgl. Lattwein, A. (1998), S. 86; Plück, R. / Lattwein, A. (2004), S. 187; Schillinger, J. (2005), S. 1486.
[184] Vgl. Küpper-Dirks, M. (2002), S. 62.
[185] Vgl. Plück, R. / Lattwein, A. (2004), S. 187.

Versicherungsutopie bezeichnet.[186] Aus diesen Gründen hat der Versicherungsverein am 23.04.1895 unter der Einflussnahme des preußischen Innenministers freiwillig auf das angestrebte Neugeschäft verzichtet.[187]

Dreieinhalb Jahrzehnte später, nach dem Börsencrash an der New Yorker Wallstreet vom 25.10.1929, dem sog. schwarzen Freitag, und damit verursachter großer Rezession, wurde dieses Thema in den USA wieder aufgegriffen und anschließend umgesetzt. Diese Entwicklung verursachte die zahlreichen Banken- und Unternehmenspleiten und als Folge daraus die Verunsicherung in den Wirtschaftskreisen und der Öffentlichkeit. Das Misstrauen in die freie Wirtschaft sowie in die Manager im Hinblick auf die Handhabung von Kapitalvermögen wuchs.[188] Der amerikanische Gesetzgeber hat auf diese Situation reagiert und in den Jahren 1933 und 1934 neue verschärfte gesetzliche Bestimmungen verabschiedet, Securities Act of 1933 und Securities Exchange Act of 1934. Damit ermöglichte es der Gesetzgeber, Manager für Fehler bei der Börseneinführung von Aktien direkt in Haftung zu nehmen. Außerdem konnten gegen die Führungskräfte Bußgelder verhängt werden, wenn sie die grundlegendsten Sorgfaltspflichten bei Wertpapiergeschäften missachteten. Die Unternehmen haben auf diese haftungsverschärfende Entwicklung reagiert, indem sie verstärkt Wirtschaftsexperten und Juristen in ihre Führungsgremien aufgenommen haben. Mit Hilfe dieser Experten sollte die Einhaltung der neuen Gesetze gewährleistet und somit das Öffentlichkeitsvertrauen wiedergewonnen werden. Diese haben ihrerseits eine Versicherungslösung gefordert, um sich gegen mögliche Schadensersatzansprüche abzusichern.[189]

Lloyd´s of London hat als erster Anbieter auf diese Nachfrage reagiert und brachte die ersten D&O-Versicherungskonzepte auf den Markt.[190] Anfänglich interessierte sich kaum jemand für dieses Versicherungsprodukt. Erst Ende der 70er Jahre stieg die Nachfrage nach D&O-Versicherungen, als die Managerhaftung in den USA deutlich verschärft wurde und die Haftungsfälle gegenüber Directors and Officers stark zugenommen hatten. Jedoch wurde dieser Boom Mitte der 80er Jahre beendet, als der D&O-Markt durch einen starken Anstieg der Schadensfälle buchstäblich zusammenbrach.[191] Nach der Marktbereinigung und -sanierung ist die D&O-Versicherung mittlerweile zu einem Standardprodukt in den USA geworden. Gegenwärtig wird kaum ein Manager in

---

186 Vgl. Ihlas, H. (1997), S. 47.
187 Vgl. Schillinger, J. (2005), S. 1486; Plück, R. / Lattwein, A. (2004), S. 187.
188 Vgl. Plück, R. / Lattwein, A. (2004), S. 187 f.
189 Vgl. Lattwein, A. / Krüger, B. (1997), S. 1366; Plück, R. / Lattwein, A. (2004), S. 188.
190 Vgl. Möhrle, F. (2007), S. 3; Ihlas, H. (1997), S. 35.
191 Vgl. Lattwein, A. / Krüger, B. (1997), S. 1366; Plück, R. / Lattwein, A. (2004), S. 188.

den USA ohne die D&O-Versicherung bereit sein, die oberste Führungsposition in einem Unternehmen einzunehmen.[192] Die Versicherung des Top-Managements durch eine D&O-Police wird in den USA als selbstverständlich angesehen und zählt zur Fürsorge des Unternehmens für seine Führungsorgane.[193]

In Deutschland wurde die D&O-Versicherung erstmals 1986 von einer deutschen Tochter des US-amerikanischen Versicherers CHUBB angeboten.[194] Da aber das Bundesaufsichtsamt für das Versicherungswesen (BAV)[195] damals noch einen erheblichen Einfluss auf die Ausgestaltung der Versicherungsbedingungen hatte, wurde auf dessen Wunsch in den Bedingungstext u.a. die Ausschlussklausel „unternehmerischer Fehlentscheidungen" aufgenommen, die die Brauchbarkeit dieses Konzepts stark in Frage stellte und somit eine geringe Nachfrage zur Folge hatte.[196] Deswegen wurde diese Versicherungsart bis Mitte der 90er Jahre hauptsächlich durch die US-amerikanischen Versicherungsgesellschaften, z.B. CHUBB und AIG, angeboten, die dieses Produkt schon in den USA erfolgreich vermarktet haben.[197] Als das Genehmigungserfordernis für Versicherungsbedingungen durch das BAV auf Grund der Rechtsangleichung innerhalb der EU und der Deregulierung des Versicherungsmarktes am 01.07.1994 abgeschafft wurde, traten auch deutsche Versicherungsgesellschaften in diesen Marktbereich ein. Auf Grund der Abschaffung der Genehmigungspflicht durch das BAV wurde der Versicherungsmarkt in diesem Segment mit verschiedenen Versicherungsbedingungen sowie mit neuen Angeboten überflutet, was eine gewisse Unübersichtlichkeit verursacht hat.[198]

Im Jahre 1997 hat der Gesamtverband der Deutschen Versicherungswirtschaft e.V. (GDV) Musterbedingungen[199] als die „Allgemeinen Versicherungsbedingungen für die Vermögensschaden-Haftpflichtversicherung von Aufsichtsräten, Vorständen und Geschäftsführern" (AVB-AVG) veröffentlicht. Diese Musterbedingungen sollten als unverbindlicher Standard für die Versicherungsgesellschaft dienen. Dennoch konnten sie sich bis heute nicht am Markt behaupten, obwohl der GDV diese Musterbedingungen

[192] Vgl. Barzen, C. / Brachmann, H. / Braun, M.-P. (2003), S. 103; Plück, R. / Lattwein, A. (2004), S. 188.
[193] Vgl. Thümmel, R. C. / Sparberg, M. (1995), S. 1016.
[194] Vgl. Bechert, J. (1996), S. 480; Plück, R. / Lattwein, A. (2004), S. 188.
[195] Das Bundesaufsichtsamt für das Versicherungswesen (BAV) war in Deutschland die Aufsichtsbehörde für das Versicherungswesen und ist zum 01.05.2002 in die Bundesanstalt für Finanzdienstleistungsaufsicht (BaFin) integriert worden, o. V. (2008a).
[196] Vgl. Olbrich, C. (2007), S. 7; Plück, R. / Lattwein, A. (2004), S. 188.
[197] Vgl. Ihlas, H. (1997), S. 61; Küpper-Dirks, M. (2002), S. 63.
[198] Vgl. Surminski, M. (2001), S. 435; Schilling, J. (2007), S. 20; Thümmel, R. C. (2008), Rdn. 456.
[199] Bei der Entwicklung der Musterbedingungen haben die führenden Erst- und Rückversicherer teilgenommen, wie R+V (Vorsitz), Allianz, Victoria, A+M, CHUBB, HRV, Gerling-Konzern, Kölnische Rück, Bayerische Rück, Münchener Rück, Versicherungskammer Bayern, Colonia, Gothaer, Zürich, AIG, Albingia.

mehrmals modifiziert hat.[200] Die letzten modifizierten Musterbedingungen[201], die an das reformierte Versicherungsvertragsgesetz (VVG) angepasst wurden, sind im Januar 2008 veröffentlicht worden. Die chronologische Entwicklung der D&O-Versicherung kann aus der Abbildung 2 entnommen werden.

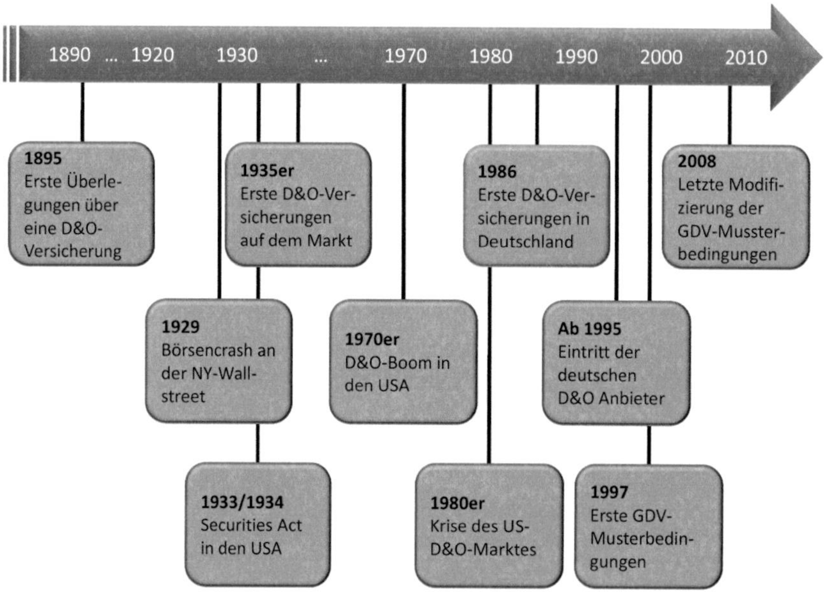


**Abbildung 2: Chronologische Entwicklung der D&O-Versicherung**
**Quelle: Eigene Darstellung.**

Gegenwärtig ist diese Versicherungsart auch in Deutschland zum Standardprodukt geworden. Die Nachfrage nach dem D&O-Versicherungsschutz steigt stetig an. So haben in Deutschland sowohl alle im DAX vertretenen Konzerne, außer der BMW AG, als auch fast alle anderen großen Unternehmen eine D&O-Versicherung. Auch bei den mittelständischen Unternehmen steigt die Nachfrage nach diesem Versicherungsprodukt kontinuierlich an.[202]

Zurzeit neigt dieses Marktsegment zur individuellen Zusammenstellung von Bedingungen, anstatt die Standardpolice zu verwenden, was die Vergleichbarkeit der Angebote für die Versicherungsnehmer erschwert.[203]

Für die D&O-Versicherung ist das VVG die maßgebliche Rechtsgrundlage. Das VVG wurde umfangreich reformiert. Seit dem 01.01.2008 sind diese Änderungen in Kraft getreten. Für die D&O-Versicherung sind insbesondere folgende Änderungen maßgeb-

[200] Vgl. Olbrich, C. (2007), S. 8; Thümmel, R. C. (2008), Rdn. 474 f.
[201] Die aktuelle Fassung der Musterbedingungen des GDV befindet sich im Anhang.
[202] Vgl. Bocquel, E. (2007).
[203] Vgl. Thümmel, R. C. (2008), Rdn. 456.

lich: § 105 VVG n. F. (das Anerkenntnis- und Befriedigungsverbot) sowie § 108 Abs. 2 VVG n. F. (das Abtretungsverbot). Diese können nicht mehr vereinbart werden, was eine Abmilderung der Konsequenzen von Obliegenheitsverstößen, §§ 19 ff. VVG n. F, bedeutet.

## 4.2 Ziel des Unternehmens beim Abschluss einer D&O-Versicherung

Die D&O-Versicherung ist eine Unterart der allgemeinen Haftpflichtversicherung. Der Zweck dieser Versicherungsart ist der Schutz des Gesellschafts- und des Organmitglieder- sowie auch des Aktionärs- und des Gläubigervermögens.[204] Bei dieser Versicherungsart handelt es sich um eine freiwillige Haftpflichtversicherung.[205] Die Gründe für den Abschluss einer D&O-Versicherung sind i.d.R. folgende:

- Da die D&O-Versicherungen die Ansprüche aus dem Innenverhältnis abdecken, bekommt die Gesellschaft mit dem Versicherungsvertragsabschluss eine gewisse finanzielle Stabilität. Ohne Versicherungsschutz hat das Unternehmen das Risiko, dass das vorhandene vollstreckbare private Vermögen der Organmitglieder den entstandenen Schaden nicht abdecken wird.[206]
- Im Übrigen deckt die D&O-Versicherung den Vermögensbedarf des Unternehmens ab, weil die Gesellschaft für ein Fehlverhalten ihrer Organe selbst in Anspruch genommen werden kann. Außerdem muss die Gesellschaft ihre Organmitglieder vor der unbegründeten Inanspruchnahme Dritter verteidigen bzw. davon befreien, falls sie in Gesellschaftsinteressen agierten und ihre Pflichten nicht verletzt haben.[207]
- Die Versicherung befreit die Organmitglieder größtenteils von der Gefahr des Verlustes ihres privaten Vermögens. Dadurch wird die unternehmerische Handlungsfreiheit der Organmitglieder nicht unter der Haftungsangst leiden, d.h. die Organmitglieder werden sich angstfrei auf ihre Tätigkeit konzentrieren können.[208]

## 4.3 Bedingungsvielfalt

Die vom GDV entwickelten Musterbedingungen (AVB-AVG) haben für viele Versicherer als Basis gedient. Dennoch, wie oben schon erwähnt wurde, weichen die Bedingungen am Markt sowohl vom Aufbau als auch vom Inhalt her stark von den AVB-AVG des GDV ab. Immer mehr Bedingungen werden an die unternehmensspezifischen Be-

---

[204] Vgl. Dreher, M. (2005), S. 1670.
[205] Vgl. Held, F. M. (2006), 33. Kapitel Rdn. 16; Olbrich, C. (2007), S. 72.
[206] Vgl. Säcker, F. J. (2005), S. 10.
[207] Vgl. Olbrich, C. (2003), S. 215.
[208] Vgl. Held, F. M. (2006), 33. Kapitel Rdn. 16.

sonderheiten angepasst. Aus diesem Grund sind der Vergleich der einzelnen Bedingungswerke nicht aufschlussreich und die Diskussion der einzelnen Differenzen zwischen den Bedingungen nicht das Ziel dieser Arbeit. Dennoch ist bei den meisten D&O-Bedingungen die Grundstruktur im Grunde identisch. Somit werden zunächst die wesentlichen Kernelemente der D&O-Versicherung dargestellt.

## 4.4 Basiselemente der D&O-Versicherung

### 4.4.1 Parteien der D&O-Versicherung

Die D&O-Versicherung können sowohl die juristischen Personen des Privatrechts, wie AG, GmbH, Vereine, eingetragene Genossenschaft, als auch die Personengesellschaften, wie OHG oder GbR, abschließen. Auch Stiftungen sowie die kommunalen Betriebe in der Rechtsform einer privaten Kapitalgesellschaft und juristische Personen des öffentlichen Rechts können eine solche Versicherung stipulieren.[209]

Das Unternehmen ist i.d.R. bei der D&O-Versicherung der Versicherungsnehmer[210], das zugunsten seiner Organe als den versicherten Personen die Versicherung abschließt, wie es aus der Abbildung 3 ersichtlich ist.

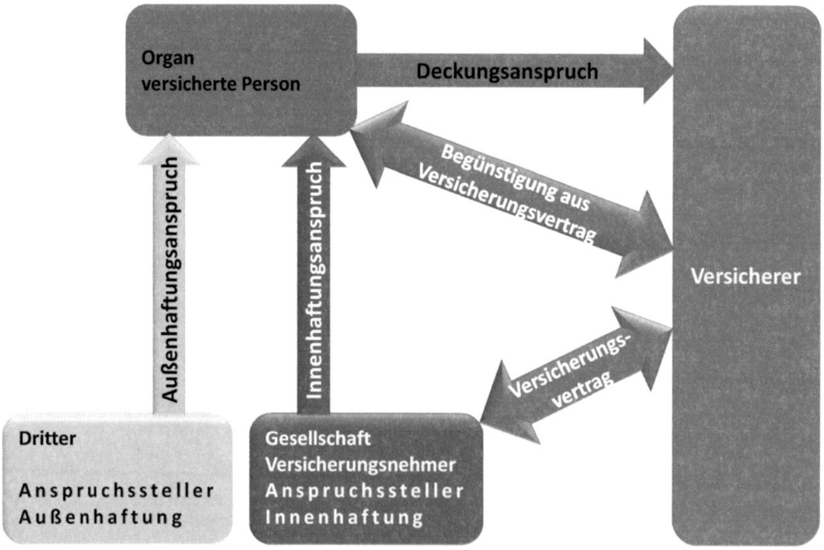


**Abbildung 3: Struktur der D&O-Versicherung**

**Quelle: In Anlehnung an Thümmel, R. C. (2008), S. 213.**

---

[209] Vgl. Plück, R. / Lattwein, A. (2004), S. 191.

[210] Es gibt am Markt Versicherungskonzepte, bei denen sich die Organmitglieder direkt selbst versichern können und damit zu Versicherungsnehmern werden, vgl. Plück, R. / Lattwein, A. (2004), S. 190 f.

Gem. §§ 43 ff. VVG handelt es sich dabei um eine Versicherung für fremde Rechnung. Der Versicherungsschutz beinhaltet die Haftpflicht der Organe. Es kann aber auch gesondert vereinbart werden, dass diese Versicherung auch die Haftpflicht des Unternehmens selbst umfasst.[211]

Die Versicherungsprämie zahlt der Versicherungsnehmer, also das Unternehmen. Streitig war, ob die Zahlung der Prämie durch das Unternehmen einen Vergütungsbestandteil für das Organ oder die Betriebsausgaben darstellt.[212]

Mittlerweile ist diese Streitfrage mit dem Erlass des niedersächsischen Finanzministeriums vom 25.01.2002 im Einvernehmen mit dem Erlass des Bundesministeriums der Finanzen vom 24.01.2002 weitgehend geklärt. Danach gilt die Prämienzahlung als Betriebsausgabe der Gesellschaft, wenn das Management als Ganzes versichert ist und die Basis der Prämienkalkulation die Betriebsdaten des Unternehmens sind. Demzufolge muss der Versicherte keine Einkommenssteuer abführen.[213]

Nach § 45 Abs. 1 VVG hat das Unternehmen als Versicherungsnehmer die volle Verfügungsmacht über den Versicherungsvertag. Daher kann das Unternehmen diesen Vertrag bei Einverständnis des Versicherers ändern oder sogar beenden. Deshalb ist es auch gestattet, dass zwischen dem Versicherer und dem Unternehmen die Erschöpfung der Leistungen aus dem Versicherungsvertag vereinbart wird, wie z.B. beim Abschluss eines Vergleiches. Gem. § 44 Abs. 1 S. 1 VVG kann die versicherte Person die Rechte aus der Versicherung selbst geltend machen, soweit keine anderen Vereinbarungen getroffen wurden.

Zum Kreis der versicherten Personen gehören alle früheren, gegenwärtigen oder zukünftigen Organmitglieder. Bei einem Personenwechsel sind die neuen Organmitglieder automatisch mitversichert.[214] Auch die leitenden Angestellten[215] werden i.d.R. mitversichert.[216]

### 4.4.2 Versicherungsgegenstand und Deckungsumfang

Die Versicherung gewährt den Schutz einer oder mehreren versicherten Person(en), die wegen eines Vermögensschadens aufgrund gesetzlicher Haftpflichtbestimmungen auf

---

[211] Vgl. Kästner, K. (2000), S. 114; Thümmel, R. C. (2008), Rdn. 458 f.

[212] Vgl. Schilling, J. (2007), S. 39 f.

[213] Vgl. Schilling, J. (2007), S. 39 f.; Thümmel, R. C. (2008), Rdn. 468.

[214] Vgl. z.B. Allianz (2008), § 1 Ziff. 1.1 AVB-O oder HDI-Gerling (2005), Ziff. 1.1 AVB-VHO.

[215] Obwohl die AVB-AVG des GDV die Versicherung der leitenden Angestellten nicht empfiehlt, versichern fast alle Anbieter der D&O-Versicherung am Markt auch die leitenden Angestellten mit.

[216] Thümmel, R. C. (2008), Rdn. 460.

Schadensersatz in Anspruch genommen wird bzw. werden, welcher infolge begangener Pflichtverletzung während ihrer Tätigkeitsausübung entstanden ist.[217]
Die AVB-AVG des GDV begrenzen den Versicherungsschutz auf gesetzliche Haftpflichtbestimmungen privatrechtlichen Inhalts[218], was die reale Situation auf dem Markt nicht widerspiegelt, da die meisten D&O-Versicherungen auch die öffentlich-rechtlichen Haftpflichtbestimmungen versichern, wie z.B. §§ 34, 69 AO.[219]
Der Versicherungsschutz umfasst Ansprüche sowohl des Unternehmens (Innenhaftung)[220] als auch der Dritten (Außenhaftung), soweit keine besonderen Vereinbarungen getroffen wurden. Es ist auch nicht entscheidend, wo und vor welchen Gerichten Ansprüche durchgesetzt werden sollen.[221]
Die D&O-Versicherung besteht aus zwei Komponenten, der Abwehr- und der Haftpflichtdeckung. Die Abwehrdeckung ermöglicht es der versicherten Person, sich gegen den Anspruchssteller zu verteidigen, d.h. die Versicherung übernimmt die hiermit verbundenen Kosten, wie z.B. die Anwalts- oder die Sachverständigenkosten. Auch die Kosten der Verteidigung bei strafrechtlichen Ermittlungen werden von einigen Versicherern übernommen. Es kann auch vereinbart werden, dass die Abwehrdeckung schon vor Eintritt des Versicherungsfalls in Anspruch genommen wird, wenn z.B. aufgrund einer erwarteten Inanspruchnahme eine anwaltliche Beratung im Vorfeld beansprucht wird.
Die Haftpflichtdeckung hat die Befriedigungsfunktion, d.h. die Versicherung übernimmt sowohl den ausgeurteilten als auch den durch einen Vergleich vereinbarten Schadensbetrag.[222]
Das Vorstehende wird durch die Abbildung 4 veranschaulicht. Anzumerken ist, dass die D&O-Versicherung keine Eigenschaden- und auch keine Fehlentscheidungsversicherung ist. Sie bezweckt primär den Deckungsschutz des privaten Vermögens der Organmitglieder.[223]

---

[217] Vgl. z.B. GDV (2008), Ziff. 1.1 AVB-AVG; Allianz (2008), § 1 Ziff. 2.1 AVB-O; HDI-Gerling (2005), Ziff. 1.1 AVB-VHO.
[218] Vgl. GDV (2008), Ziff. 1.1 AVB-AVG.
[219] Vgl. Plück, R. / Lattwein, A. (2004), S. 193.
[220] Die AVB-AVG des GDV empfehlen die Deckung im Innenverhältnis nicht, vgl. GDV (2008), Ziff. 1.1 AVB-AVG.
[221] Vgl. Thümmel, R. C. (2008), Rdn. 461.
[222] Vgl. Schilling, J. (2007), S. 21; Held, F. M. (2006), 33. Kapitel Rdn. 27.
[223] Vgl. Held, F. M. (2006), 33. Kapitel Rdn. 16.

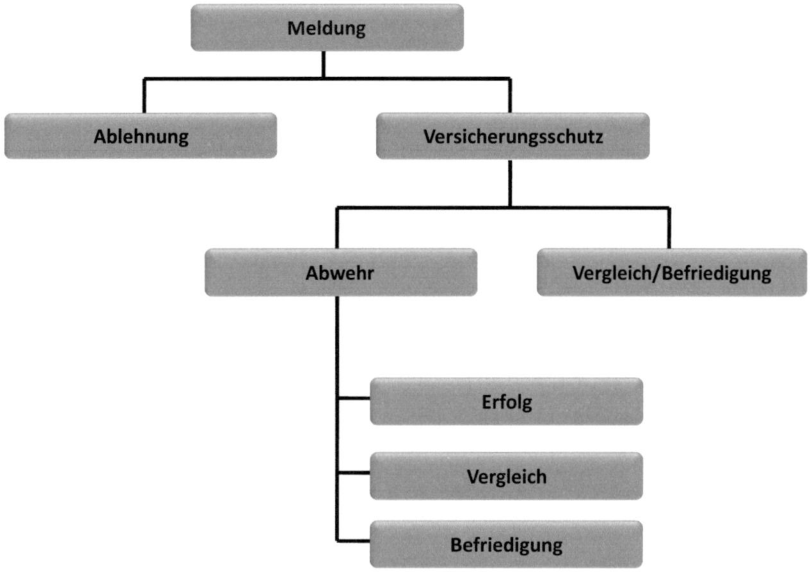


**Abbildung 4: Ablaufschema D&O im Schadensfall**

**Quelle: Bocquel, E. (2007).**

### 4.4.3 Versicherungsfall

Der Versicherungsfall wird bei der D&O-Versicherung in Versicherungsbedingungen festgelegt. Nach den gängigen Versicherungsbedingungen tritt der Versicherungsfall mit der erstmaligen schriftlichen Geltendmachung eines Haftpflichtanspruchs gegen eine versicherte Person ein.[224] Dem D&O-Vertrag liegt das sog. claims-made-Prinzip[225] (Anspruchserhebungsprinzip) zugrunde. Entsprechend diesem Prinzip besteht der Versicherungsschutz nur dann, wenn die haftungsbegründende Pflichtverletzung innerhalb der Versicherungsperiode begangen wurde und der Schadensersatzanspruch auch innerhalb dieser Zeit geltend gemacht wird.[226] Die meisten Bedingungswerke beinhalten außerdem ergänzende Bestimmungen zum claims-made-Prinzip. Manchmal wird die Anspruchserhebungsform präzisiert: bspw. genügt die Klageeinreichung (z.B. im Ausland), gleichgültig, ob der Versicherungsnehmer im betreffenden Zeitpunkt von diesem Anspruch Kenntnis besitzt oder nicht.[227] Da dieses claims-made-Prinzip die vorvertragli-

[224] Vgl. Thümmel, R. C. (2008), Rdn. 464; GDV (2008), Ziff. 2 AVB-AVG (siehe Anhang).

[225] Bei den sonstigen Haftpflichtdeckungen wird normalerweise in Deutschland das sog. Verstoß-Prinzip angewendet. Nach diesem Prinzip können alle Pflichtverletzungen, die innerhalb der Versicherungslaufzeit begangen wurden, zu jedem Zeitpunkt, also auch nach Beendigung des Versicherungsvertrages, geltend gemacht werden, vgl. Schilling, J. (2007), S. 21.

[226] Vgl. GDV (2008), Ziff. 3.1 AVB-AVG; Held, F. M. (2006), 33. Kapitel Rdn. 27.

[227] Vgl. Thümmel, R. C. (2008), Rdn. 465.

chen Pflichtverletzungen und die nachvertraglichen Anspruchserhebungen nicht berücksichtigt, werden in die Versicherungsbedingungen normalerweise Regelungen zur Rückwärtsversicherung[228] und zur Nachhaftung aufgenommen,[229] wie es aus der Abbildung 5 ersichtlich ist.

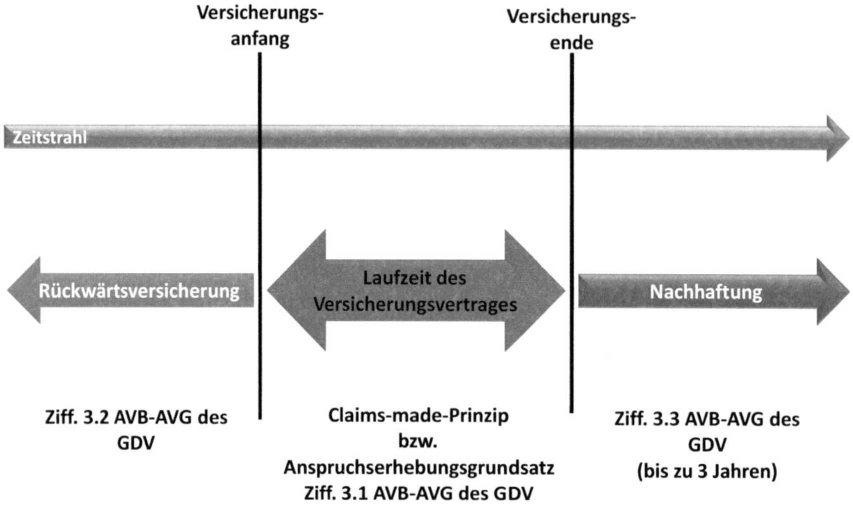


**Abbildung 5: Versicherungsfall und zeitlicher Geltungsbereich**
**Quelle: In Anlehnung an Held, F. M. (2006), 33. Kapitel Rdn. 23.**

In den Klauseln zur Rückwärtsversicherung wird normiert, ob und für welchen Zeitraum die Schäden aus Pflichtverletzungen vor Beginn der ersten Versicherungsperiode gedeckt sind. I.d.R. wird eine uneingeschränkte Rückwärtsdeckung für unbekannte Pflichtverletzungen festgelegt.

Die Nachhaftungsklauseln bestimmen, ob und in welchem Zeitraum die Schäden nach Versicherungsvertragsende noch gedeckt sind. Die Nachhaftungsphase dauert i.d.R. bis zu drei Jahren. In der letzten Zeit werden immer mehr sog. „unverfallbare" Nachhaftungen angeboten. Diese Nachhaftung bleibt sogar auch dann bestehen, wenn im Anschluss an die alte eine neue Versicherung abgeschlossen wird. Dennoch können dabei wegen möglicher Doppelversicherung Probleme bei den Ausgleichsfragen entstehen.[230]

---

[228] Die Rückwärtsversicherung ist seit dem 01.01.2008 in § 2 Abs. 1 VVG normiert.
[229] Vgl. GDV (2008), Ziff. 3.2 und 3.3 AVB-AVG (siehe Anhang).
[230] Vgl. Schilling, J. (2007), S. 21 f.; Thümmel, R. C. (2008), Rdn. 465 f.

### 4.4.4 Inanspruchnahme der Deckung

Gem. § 44 Abs. 1 S. 1 VVG stehen die Rechte aus dem D&O-Versicherungsvertrag den versicherten Personen zu.[231] Deswegen können sie auch die Deckung in Anspruch nehmen. Falls die Vorstandsmitglieder ihre Rechte gerichtlich geltend machen wollen und keine anderen Vereinbarungen getroffen wurden, dann müssen sie gem. § 44 Abs. 2 VVG den Versicherungsschein haben. Das Unternehmen kann über die Rechte des Versicherten aus dem Vertrag im eigenen Namen verfügen, § 45 Abs. 1 VVG. I.d.R. wird aber eine sich daraus ergebende Prozessführungsbefugnis vertraglich ausgeschlossen. Der Geschädigte kann die Versicherung nicht direkt in Anspruch nehmen. Grundsätzlich kann auch das Unternehmen keine Ansprüche aus der Innenhaftung und keine daraus resultierende Deckung direkt beim Versicherer geltend machen, es sei denn, der Vorstand tritt seine Deckungsansprüche an das Unternehmen ab.[232] Neuerdings kann die Abtretung des Freistellungsanspruchs durch die Versicherungsbedingungen nicht ausgeschlossen werden, § 108 Abs. 2 VVG.

### 4.4.5 Vorsatzausschluss

Der zentrale Ausschlusstatbestand für die Deckung aus der D&O-Versicherung bezieht sich auf eine vorsätzliche bzw. wissentliche Pflichtverletzung. Die wissentlichen Pflichtverletzungen liegen vor, wenn der Vorstand wusste, dass sein schadensverursachendes Handeln eine Pflichtverletzung darstellt, sog. direkter Vorsatz[233] Der Vorsatz ist ferner gegeben, wenn der Vorstand die Pflichtverletzung sowohl als möglich angesehen, als auch sie „billigend in Kauf“[234] genommen hat, auch wenn ihm das Begehen dieser Pflichtverletzung höchst unerwünscht war, sog. Eventualvorsatz.[235] Nach den üblichen Versicherungsbedingungen muss der Schadenseintritt nicht vom Vorsatz mit umfasst sein, d.h. es reicht schon das vorsätzliche Begehen der Pflichtverletzung dafür aus, dass die Versicherung für den dadurch eingetretenen Schaden nicht eintritt. Der Versicherer trägt die Beweislast für den Vorsatz des jeweiligen betroffenen Organmitglieds.[236]

---

[231] Bei einer AG gehören zu den versicherten Personen alle Vorstandsmitglieder und Aufsichtsratsmitglieder. Manchmal werden auch die leitenden Angestellten mitversichert. Diese Arbeit wird sich bei weiteren Ausführungen nur auf die Versicherung des Vorstands beziehen.

[232] Vgl. Lange, O. (2007), 893 f.; Thümmel, R. C. (2008), Rdn. 469.

[233] Vgl. Held, F. M. (2006), 33. Kapitel Rdn. 30.

[234] BGH, Urteil vom 04.11.1988 (1 StR 262/88), BGHSt 36, S. 1.

[235] Vgl. BGH, Urteil vom 22.04.1955 (5 StR 35/55), BGHSt 7, S. 363; BGH, Urteil vom 04.11.1988 (1 StR 262/88), BGHSt 36, S. 1.

[236] Vgl. Thümmel, R. C. (2008), Rdn. 473.

## 4.5 Innenverhältnisdeckung

Wie schon oben erwähnt, decken die meisten D&O-Versicherungen auf dem deutschen Markt die Schadensersatzansprüche sowohl im Außen- als auch im Innenverhältnis. Die Versicherung der Innenverhältnisse ist die Besonderheit des deutschen Marktes, weil in den US-amerikanischen D&O-Versicherungen hauptsächlich die Außenhaftungsrisiken versichert werden. Der Grund dafür liegt in verschiedenen rechtlichen Rahmenbedingungen bezüglich der Haftung der Organe in den beiden Ländern. Die Deckung von Ansprüchen aus der Innenhaftung ist i.d.R. dem Wortlaut der AVB im Abschnitt über den Gegenstand der Versicherung zu entnehmen.[237]

Vor dem Jahre 1995 wurde das Innenverhältnis in Deutschland fast nie versichert. Erst im Laufe des Bedingungs- und Preiswettbewerbs gewann die Innenverhältnisdeckung in der D&O-Versicherung an Bedeutung.[238] Einzelne Versicherer haben sogar die D&O-Versicherung als Innenverhältnisversicherung vermarktet und ein falsches Bild über die Funktion der D&O-Versicherung vermittelt. Demnach sollte diese Versicherung primär Bilanzschutz gewähren.[239]

Die Versicherung im Innenverhältnis ist vor allem für die versicherten Personen von überragender Bedeutung, weil die meisten Ansprüche, deren Anzahl seit 2001 permanent steigt, auf den Schadensersatz aus dem Innenverhältnis gerichtet sind. So entfallen schätzungsweise ca. 75% der Schäden und 90% der Schadenssumme in der D&O-Versicherung auf die Inanspruchnahme im Innenverhältnis.[240] Aus diesem Anlass wurden verschiedene Instrumente zur Begrenzung und Kontrolle von Innenverhältnisansprüchen entwickelt.

## 4.6 Beziehung im Innenverhältnis

Gem. § 100 VVG besteht bei der Haftpflichtversicherung zwischen dem versicherten Schädiger, dem Geschädigten und dem Versicherer ein sog. Dreiecksverhältnis. Bei der D&O-Versicherung, wenn also der Versicherungsnehmer das Unternehmen ist, besteht dagegen ein „Viereck“, weil das Unternehmen die Versicherung für seine Organe ab-

[237] Vgl. z.B. HDI-Gerling (2005), Ziff. 1.1 AVB-VHO: „Der Versicherer gewährt Versicherungsschutz für den Fall, dass eine oder mehrere versicherte Person(en) wegen einer bei Ausübung der unter Ziff. 1.2 genannten Funktionen begangenen Pflichtverletzung aufgrund gesetzlicher Haftpflichtbestimmungen für einen Vermögensschaden auf Schadensersatz in Anspruch genommen wird bzw. werden.“ Aus dem Wortlaut der AVB folgt keine ausdrückliche Benennung der Anspruchssteller. Daraus folgt, dass auch Innenhaftungsansprüche grundsätzlich gedeckt sind. I.d.R. wird die Innenverhältnisdeckung gesondert vereinbart.

[238] Vgl. Palmberger, H. (2004), S. 222.

[239] Vgl. Ihlas, H. / Stute, K. (2003), S. 5.

[240] Vgl. Lier, M. (2004), S. 1503; Plück, R. / Lattwein, A. (2004), S. 195; Schleif, E. (2005), 12 f.

schließt.[241] Bei den Innenverhältnisansprüchen hat das Unternehmen die Stellung sowohl des Geschädigten i.S.d. § 100 VVG als auch des Versicherungsnehmers. Durch diese Konstellation entstehen größere Risiken für den Versicherer, weil im Gegensatz zum klassischen Fall, in dem i.d.R. keine Beziehungen zwischen dem Geschädigten und dem Schädiger bestehen, die Parteien bei der D&O-Versicherung schon vor dem Versicherungsfall enge Vertrauens- und Vertragsbeziehungen haben.[242]

## 4.7 Gefahr des Missbrauchs der D&O-Versicherung

### 4.7.1 Freundliche Inanspruchnahme bzw. Kollusion

Unter der freundlichen Inanspruchnahme bzw. Kollusion wird die unerlaubte, betrügerische Verabredung des versicherungsnehmenden Unternehmens mit den versicherten Organen verstanden, bei der ein fiktiver Versicherungsfall simuliert bzw. der äußere Schein eines Versicherungsfalls nach Außen nicht berichtigt wird.[243] Die freundliche Inanspruchnahme kann besonders bei der D&O-Versicherung praktiziert werden, weil die beteiligten Parteien, also das versicherungsnehmende Unternehmen und seine versicherten Organe, eine intensive persönliche Beziehung haben. Sie können die Schadensfälle im Bereich der Innenhaftung des Organs zugunsten des Unternehmens und zum Nachteil des Versicherers konstruieren.[244] Die Gesellschaft fordert in so einem Fall von seinem Organ wegen einer fiktiven fahrlässigen Pflichtverletzung den Schadensersatz. Es wird dabei vorgetäuscht, dass Verluste durch eine Pflichtverletzung des Organs entstanden und somit durch die Versicherung als Vermögensschaden gedeckt sind. Das Ziel des Unternehmens ist die Abwälzung der Schadensersatzzahlungen auf den Versicherer.[245] Die Beweislastregelung des § 93 Abs. 2 S. 2 AktG vergrößert das Manipulationsrisiko aus der Perspektive des Versicherers, weil die Vorstandsmitglieder bei eingetretenen Vermögensschäden die Beweislast für die Pflichtverletzung und das Verschulden tragen. Bei der freundlichen Inanspruchnahme werden sich die Vorstandsmitglieder bei der Exkulpation weniger anstrengen, d.h. sie werden keinen bzw. nur einen ungenügenden Entlastungsbeweis führen. Dem Versicherer wird es in einem solchen Fall fast unmöglich sein, die Ansprüche des Versicherungsnehmers abzuwehren.[246]

---

[241] Vgl. Abbildung 3, S. 36.
[242] Vgl. Ihlas, H. / Stute, K. (2003), S. 7.
[243] Vgl. Thümmel, R. C. (2008), Rdn. 470; Schmitt, S. M. (2007), S. 169.
[244] Vgl. Beckmann, R. M. / Matusche-Beckmann, A. (2004), § 28 Rdn. 92; Schilling, J. (2002a), S. 31.
[245] Vgl. Beier-Thomas, A. (2003), S. 218.
[246] Vgl. Thümmel, R. C. (2008), Rdn. 470; Beier-Thomas, A. (2003), S. 218; Ihlas, H. / Stute, K. (2003), S. 7 f.

### 4.7.2 Unternehmerisches Risiko

Alle Vorstandsmitglieder sind bei der Ausübung ihrer Tätigkeit dem unternehmerischen Risiko ausgesetzt. Deswegen können nicht nur Gewinne, sondern auch Verluste in Form von Vermögensschäden eintreten. Da die Pflichtenkataloge der Vorstandsmitglieder, wie oben schon ausführlich dargestellt, sehr umfangreich und komplex sind und auch ständig weiter ergänzt werden, versuchen die Gesellschaften dies für sich auszunutzen, indem sie eine oder mehrere Pflichtverletzungen des Vorstands nach Eintritt eines Schadens ex post fingieren, um auf Kosten der D&O-Versicherung die entstandenen Vermögensschäden abzuwälzen.[247] Die Generalabrechnungsfälle aus der Praxis bestätigen eine solche Ausnutzung. Bei der Generalabrechnung wird der Dienstvertrag des Vorstandsmitglieds aufgehoben, weil ihm die Verursachung eines bzw. mehrerer Vermögensschäden vorgeworfen wird. In einer solchen Situation versucht die Gesellschaft, gegen das Vorstandsmitglied alle möglichen Schadensersatzansprüche geltend zu machen, um seine Vergleichsbereitschaft bei der Aufhebung des Dienstvertrages zu erhöhen. Das Ziel ist der Abschluss eines schnellen Vergleichs, um so den unnötigen Verbrauch der Versicherungssumme durch Abwehr zu vermeiden und die maximale Summe aus der Versicherung zu bekommen.[248]

Eine weitere bemerkenswerte Form der Schadensmeldung, die mit dem unternehmerischen Risiko verbunden ist, ist die sog. Bilanzfixmeldung. Der D&O-Versicherer bekommt in einem solchen Fall die Anzeige des Versicherungsfalls zusammen mit dem anwaltlichen Gutachten, das sowohl die Haftungs- als auch die Deckungsfrage bestätigt. Das versicherungsnehmende Unternehmen kann in diesem Fall die Forderungen gegen den D&O-Versicherer in der Bilanz verzeichnen. Somit wird verhindert, dass sowohl in der Bilanz als auch in der Gewinn- und Verlustrechnung ein Verlust ausgewiesen werden muss. Die börsennotierten Aktiengesellschaften können dadurch auch die Ad-hoc-Meldung verzögern bzw. vermeiden. Auch die Stellung eines Insolvenzantrages kann somit vermieden oder verlängert werden. Die Option der Ausnutzung der Bilanzfixmeldung durch den Versicherungsnehmer ist im Prinzip zulässig, ist aber lediglich ein unerwünschter Nebeneffekt und kein gewollter primärer Zweck der D&O-Versicherung. Sie ist keine Bilanz-, sondern nur eine Haftpflichtversicherung, die keine unkalkulierbaren unternehmerischen Risiken decken soll.[249]

---

[247] Vgl. Ihlas, H. / Stute, K. (2003), S. 11; Ihlas, H. (1997), S. 245.
[248] Vgl. Ihlas, H. (2007), S. 661; Ihlas, H. / Stute, K. (2003), S. 11.
[249] Vgl. Ihlas, H. / Stute, K. (2003), S. 12.

### 4.8 Mittel zur Reduzierung von Manipulations- und Kollusionsgefahren

#### 4.8.1 Gerichts- und Öffentlichkeitsklausel

Die Versicherungsgesellschaften haben verschiedene Maßnahmen gegen die oben beschriebenen Manipulationen vorgenommen, um dieses Missbrauchsrisiko zu begrenzen. So wurden verschiedene Klauseln in den AVB entwickelt, die das Risiko der freundlichen Inanspruchnahme vermeiden sollten. Eine davon ist die Gerichtsklausel. Danach entsteht ein Deckungsanspruch aus dem Innenverhältnis nur dann, wenn die Ansprüche gerichtlich geltend gemacht werden.[250] Dabei werden unterschiedliche Anforderungen gestellt: einige Klauseln machen die Anhängigkeit der Klage, d.h. das Einreichen zur Voraussetzung; die anderen verlangen die Rechtshängigkeit, d.h. die Ansprüche sind nur dann gedeckt, wenn gem. §§ 253 Abs. 1 i.V.m. 261 Abs. 1 ZPO die Klage dem Gegner zugestellt worden ist bzw. erhoben wurde. Oft wird aber vom Versicherer die Leistung des Schadensersatzes davon abhängig gemacht, dass durch ein rechtskräftiges oder wenigstens erstinstanzliches Urteil die Haftung gerichtlich festgestellt worden ist. Besonders bei börsennotierten Gesellschaften sollte die freundliche Inanspruchnahme mit Hilfe dieser Gerichtsklausel vermieden werden. Da die Gesellschaften Angst vor der negativen Publizität in der Öffentlichkeit haben, werden sie den Gang zum Gericht vermeiden. Negative Publizität schädigt sowohl die Reputation der Gesellschaft als auch die der inanspruchgenommenen Person. Auch der Aktienkurs der börsennotierten Gesellschaften kann deswegen negativ beeinflusst werden. Außerdem erhofften die Versicherungsgesellschaften durch den Gerichtsprozess, dass bei einer gerichtlichen Auseinandersetzung der Aufklärung der Sachlage und die Verteidigungsmöglichkeiten penibel vorangetrieben werden. Die Gerichtsklauseln enthalten i.d.R. auch das Verzichtsrecht des Versicherers auf die gerichtliche Geltendmachung. So kann z.B. der Versicherer bei schlechten Erfolgsaussichten der Klage bzw. gutem Vergleichsangebot auf gerichtliche Auseinandersetzung verzichten.[251]

Es wird die Meinung vertreten, dass die Gerichtsklausel in den AVB i.d.R. überflüssig ist, weil in den meisten AVB die Klausel über die Abwehr der Ansprüche durch den Versicherer vorgesehen ist, d.h. der Versicherer kann im Namen der versicherten Person den Prozess führen. Auch das Recht des Versicherers aus § 31 VVG auf jede Auskunft vom Versicherungsnehmer nach dem Eintritt des Versicherungsfalls ermöglicht es ihm, sich aktiv in die Ermittlung einzuschalten und bei Indizien der freundlichen Inanspruch-

250 Vgl. Thümmel, R. C. (2008), Rdn. 471.

251 Vgl. Schmitt, S. M. (2007), S. 169; Ihlas, H. / Stute, K. (2003), S. 8 f.; Beier-Thomas, A. (2003), S. 214.

nahme auf eine Obliegenheitsverletzung zu verweisen und somit die Deckung zu verwehren.[252, 253]

Eine andere Möglichkeit, die Kollusion zu begrenzen, bietet die sog. Öffentlichkeitsklausel. Diese Klausel verlangt die Zustimmung der Hauptversammlung für den Eintritt des Versicherungsfalls.[254] Wie bei der Gerichtsklausel wird auch bei der Öffentlichkeitsklausel die Pflichtverletzung des Vorstandsmitglieds öffentlich gemacht. Die Gefahr des Imageverlustes des Vorstandsmitglieds in der Öffentlichkeit soll die freundliche Inanspruchnahme verhindern.[255] Außerdem garantiert die dritte Partei in gewissem Masse die Seriosität der Ansprüche und ändert außerdem die Interessenlage der Beteiligten.[256]

Sowohl die Gerichtsklausel als auch die Öffentlichkeitsklausel sind zwar geeignet, die rechtsmißbräuchliche Auslösung des Versicherungsfalls zu unterbinden, haben aber eine unerwünschte Nebenwirkung. So werden die begründeten Schadensersatzansprüche, die durch die D&O-Versicherung gedeckt sind, nicht geltend gemacht, weil sowohl der Versicherungsnehmer als auch die versicherte Person durch den Gang an die Öffentlichkeit (Gericht oder Hauptversammlung) keinen Imageschaden erleiden wollen. In erster Linie sind davon die börsennotierten Gesellschaften betroffen, für die eine solche Klausel unzumutbar ist. Die Unterlassung von Ersatzforderungen kann in einem solchen Fall u.U. ausnahmsweise zulässig sein und liegt somit innerhalb der durch die ARAG/Garmenbeck-Entscheidung des BGH gezogenen Grenzen.[257] Der Aufsichtsrat muss in einem solchen Fall abwägen, was dem Unternehmen mehr Nutzen bzw. weniger Schaden bringt und kann sich ggf. für einen Verzicht entscheiden.

Die beiden oben beschriebenen Klauseln sind angesichts der obigen Ausführungen kaum marktgängig. Die meisten Gesellschaften und deren Organe werden eine solche Klausel wahrscheinlich nicht akzeptieren, vor allem wenn es am Markt viele andere Instrumente zur Begrenzung der Innenverhältnisdeckung gibt.

---

[252] Vgl. Ihlas, H. / Stute, K. (2003), S. 9; Schimikowski, P. (2004), Rdn. 218.

[253] Früher konnte der Versicherer das Anerkenntnisverbot, das in vielen AVB normiert war, zu seinen Gunsten ausnutzen. Der Versicherungsnehmer konnte die geltend gemachten Ansprüche von einem Dritten ohne vorherige Zustimmung des Versicherers nicht anerkennen. So konnte der Versicherer nach Notwendigkeit ein Gerichtsverfahren provozieren. Seit dem 01.01.2008 ist das Anerkenntnisverbot gem. § 105 VVG gesetzeswidrig.

[254] Vgl. Küpper-Dirks, M. (2002), S. 140.

[255] Vgl. Schmitt, S. M. (2007), S. 174.

[256] Vgl. Thümmel, R. C. (2008), Rdn. 471.

[257] Vgl. Schmitt, S. M. (2007), S. 170 f.

### 4.8.2 Aktuelle Konzeption in Ziffer 1.3 der Musterbedingungen des GDV (2008)

Die erste Fassung der Ziffer 1.3 der Musterbedingungen des GDV aus dem Jahre 1997 wurde in der Fachliteratur und in der Praxis stark kritisiert.[258] Darauf hat der GDV reagiert und bei der nächsten Modifizierung der Musterbedingungen im Jahre 2005 die Ziffer 1.3 neu konzipiert. Diese Neukonzeption der Ziffer 1.3 blieb bei der Modifizierung der Musterbedingungen im Jahre 2008 unverändert. Mit dieser Neukonzipierung der Klausel unternahm der GDV einen weiteren Versuch, die Kollusionsgefahr zu reduzieren, indem er eine zusätzliche Alternative, nämlich die modifizierte Kombination der Gerichts- und Öffentlichkeitsklausel, empfahl.[259] Diese neukonzipierte Klausel besagt, dass die Innenhaftung nur dann durch die Versicherung gedeckt ist, wenn die Schadensersatzansprüche von der Hauptversammlung initiiert und auch gerichtlich geltend gemacht werden. Der Versicherer kann aber auf die gerichtliche Geltendmachung verzichten.[260] Durch diese Regelung kann er für sich die nachteiligen Folgen umgehen. Der Versicherungsnehmer muss dagegen mit der Einschaltung der Hauptversammlung und mit einem öffentlichen Verfahren rechnen, wenn er auf seine Ansprüche nicht verzichten will. Mit diesen Schritten wird der Fall öffentlich und die Gesellschaft riskiert eine negative Publicity. Deswegen muss sie abwägen, ob sie auf ihre, im Prinzip berechtigten, Versicherungsforderungen verzichten soll, um durch die mögliche negative Reaktion in der Öffentlichkeit keinen Imageschaden zu erleiden oder, bei den börsennotierten Gesellschaften, keine Senkung des Aktienkurses auszulösen. Die Kosten für die Abwehr werden auch bei den Innenhaftungsansprüchen durch die Versicherung immer gedeckt, weil bei reiner Abwehr von Innenhaftungsansprüchen keine Kollusionsgefahr vorliegt.[261] Die durch diese Klausel erzwungene Publizität hat alle negativen Folgen, die bereits oben im Zusammenhang mit der Gerichts- und Öffentlichkeitsklausel beschrieben wurden.

### 4.8.3 Kündigungsklausel

Die Kündigungsklausel, die auch als Trennungsklausel bzw. als Klausel „Arbeitsrechtliche Konsequenzen“ bezeichnet wird, ist eine andere Möglichkeit zur Verhinderung der freundlichen Inanspruchnahme. Die Kündigungsklausel besagt, dass Innenhaftungsansprüche lediglich dann vom Versicherungsschutz gedeckt sind, wenn sowohl die Organ-

---

[258] Die Erstfassung der Ziffer 1.3 des GDV-Modells aus dem Jahre 1997, die sog. modifizierte Innenhaftungsdeckung, wird unten im Kapitel 4.8.5. beschrieben.
[259] Vgl. Schmitt, S. M. (2007), S. 178.
[260] Vgl. im Anhang die AVB-AVG Ziff. 1.3 des GDV.
[261] Vgl. Schmitt, S. M. (2007), S. 178.

stellung als auch das Anstellungsverhältnis mit dem Vorstandsmitglied als direkte Konsequenz der Pflichtverletzung beendet werden.[262]

Die versicherungsnehmende Gesellschaft muss somit unverzüglich sowohl die Organstellung als auch den Dienstvertrag des inanspruchgenommenen Vorstandsmitglieds beenden, wenn sie die Entschädigungsleistung des Versicherers erhalten will. Vom Zeitpunkt der Abberufung an ist der Versicherer leistungspflichtig. Manche Klauseln schreiben zusätzlich sogar vor, dass das inanspruchgenommene Vorstandsmitglied für die Dauer von fünf Jahren keine weitere Tätigkeit sowohl in derselben als auch in einer vergleichbaren Position sowie bei anderen Firmen, an denen das versicherungsnehmende Unternehmen mehrheitlich beteiligt ist, ausüben darf.[263]

Mit Hilfe dieser Klausel sollen die unberechtigten Ansprüche im Bereich der Innenhaftung vermieden werden. Kein Vorstandsmitglied würde, nach der Ansicht der Versicherer, bereit sein, seine Anstellung bzw. seine Organstellung freiwillig aufzugeben, um lediglich der Gesellschaft den Zugang zur Versicherungsleistung zu ermöglichen. Das Vorstandsmitglied riskiert in einem solchen Fall seinen eigenen Ruf, ohne davon direkt einen Vorteil zu erzielen.[264] Die Versicherungsgesellschaften erhoffen sogar, dass das Vorstandsmitglied sich im Gegenteil aktiv gegen die gegen es geltend gemachten Ansprüche wehrt.[265]

In der Praxis tritt allerdings die Problematik auf, dass mit der wirksamen Beendigung des Dienstverhältnisses dem Vorstandsmitglied grundsätzlich Vergütungs- und Altersversorgungsansprüche zustehen. Oft werden diese mit den behaupteten Schadensersatzansprüchen im Innenverhältnis verrechnet, sog. Aufrechnung gem. §§ 387 ff. BGB. Die Versicherer erhoffen dadurch, dass das betroffene Vorstandsmitglied aktiv seine Unschuld beweist, um seine Vergütungs- und Altersversorgungsansprüche zu behalten. Um dieses Problem zu lösen, haben manche Versicherer die Kündigungsklausel geändert, indem sie die tatsächliche Beendigung der Dienste und nicht die rechtswirksame Beendigung des Dienstvertrags voraussetzen.[266] Der Hintergrund einer solchen Vorgehensweise könnte meiner Ansicht nach auf folgenden Gedanken beruhen: Dies geschieht, um das Vorstandsmitglied zu schützen. Der Dienst des Vorstandsmitglieds wird i.d.R. sofort nach Kenntniserlangung der Pflichtverletzung beendet. Seine vertraglichen Beziehungen zur Gesellschaft müssen aber aus z.B. arbeitsrechtlichen Gründen noch drei

---

[262] Vgl. Ihlas, H. / Stute, K. (2003), S. 10.
[263] Vgl. Plück, R. / Lattwein, A. (2004), S. 196.
[264] Vgl. Schmitt, S. M. (2007), S. 172.
[265] Vgl. Ihlas, H. / Stute, K. (2003), S. 10.
[266] Vgl. Ihlas, H. / Stute, K. (2003), S. 10.

Monate laufen. Da aber im Moment der tatsächlichen Beendigung der Dienste das Vorstandsmitglied noch keine Ansprüche auf Vergütungs- und Altersversorgung hat, sondern erst mit der wirksamen Beendigung des Dienstvertrags, kann der Versicherer die Aufrechnung nicht verlangen und muss den Schaden im vollen versicherten Umfang übernehmen.

Die Kündigungsklausel zeigt aufgrund der Vielschichtigkeit der Fälle Defizite auf, die die Umgehung dieser Klausel ermöglichen. So kann z.B. bei Beendigung des Dienstvertrages und der Organstellung eine sehr vorteilhafte Aufhebungsvereinbarung über die noch zu zahlenden restlichen Vergütungs- und Altersversorgungsansprüche getroffen werden. Ferner kann bspw. bei einer Beteiligungsgesellschaft für den Versicherungsnehmer eine neue Beschäftigung geschaffen werden, die für die versicherte Person im Vergleich zum früheren Arbeitsverhältnis viel vorteilhafter wäre. Das Gleiche kann auch für den Ehegatten der versicherten Person erfolgen[267], sog. „Strohmanngeschäfte". Außerdem berücksichtigt diese Klausel die Sonderfälle nicht, bei denen z.B. nur kleine Schäden auftreten. Zweifelhaft bleibt, ob die Beendigung aller Verhältnisse mit dem betroffenen Vorstandsmitglied in einem solchen Fall angemessen und mit § 307 Abs. 1 S. 1 BGB vereinbar ist. Des Weiteren bleibt ungeklärt, wie zu Verfahren ist, wenn das ausgeschiedene Vorstandsmitglied ein neues Arbeitsverhältnis bei einem Drittunternehmen eingeht, das von seinem vorherigen Unternehmen übernommen wird. Auch das fünfjährige Berufsverbot sowohl in diesem als auch in einem Tochterunternehmen könnte gegen den Schutzbereich des Art. 12 GG (Berufsfreiheit) verstoßen.[268]

Darüber hinaus wird sich das Unternehmen beim Auftreten von Großschäden vom Schädiger wahrscheinlich ohnehin aufgrund der schwerwiegenden Pflichtverletzung und des gestörten Vertrauensverhältnisses trennen. Bei kleinen Schäden muss hingegen das Unternehmen eine Abwägung zwischen der Versicherungsleistung und dem Vorstandsmitglied, das vielleicht sonst sehr erfolgreich war, vornehmen. Diese Klausel widerspricht dem Ziel der D&O-Versicherung, also dem Schutz der Organmitglieder und des Unternehmens und liegt nicht im Interesse der Beteiligten.[269]

Die Kündigungsklausel ist zwar theoretisch geeignet, die kollusive Kooperation zwischen dem Unternehmen und seinem Vorstandsmitglied, also die freundliche Inanspruchnahme, zu begrenzen, ist aber aufgrund der obigen Ausführungen wenig marktfähig. Diese Klausel muss mehr Variabilität bezüglich der Sonderfälle haben, d.h. der

[267] Vgl. Schmitt, S. M. (2007), S. 173; Ihlas, H. / Stute, K. (2003), S. 10.
[268] Vgl. Beckmann, R. M. (2004), S. 36; Schmitt, S. M. (2007), S. 173 f.
[269] Vgl. Ihlas, H. / Stute, K. (2003), S. 10 f.; Schmitt, S. M. (2007), S. 173 f.

Versicherer muss z.B. differenzieren zwischen den großen und den kleinen Schäden und auch die Interessen des Versicherungsnehmers bei der Forderung nach der Trennung berücksichtigen. Außerdem muss Art. 12 GG dabei beachtet werden.

### 4.8.4 Eigenschadenklausel

Eine andere Maßnahme zur Begrenzung von Kollusionsgefahren ist die sog. Eigenschadenklausel.[270] Diese Klausel findet sich in fast allen D&O-Versicherungsbedingungen und wird auch von den AVB-AVG des GDV[271] empfohlen. Die Eigenschadenklausel besagt, dass der Versicherungsschutz des Organmitglieds im Innenverhältnis bei einer Kapitalbeteiligung begrenzt ist, welche dieses Organmitglied bei derselben Gesellschaft bzw. einer vom Versicherungsschutz umfassten Tochtergesellschaft hat; d.h. die Leistung der Versicherung wird im Verhältnis der Beteiligung des Organmitglieds an der Gesellschaft bzw. ihrer Tochtergesellschaft gekürzt. Oft werden auch die Anteile von Angehörigen des Organmitglieds vom Versicherungsschutz ausgenommen.[272] Die Versicherer wollen dadurch das Risiko des Versicherungsmissbrauchs durch die Möglichkeit der Verlagerung der Anteile auf Verwandte begrenzen.

In der Praxis tritt diese Klausel allerdings erst dann in Kraft, wenn die Kapitalbeteiligung eine festgelegte Quote übersteigt. Die Höhe der Kapitalbeteiligungsquote, bei der der Versicherungsschutz nicht gekürzt wird, liegt i.d.R. zwischen 10 und 30 Prozent.[273] Diese Klausel gilt nur für die Ansprüche der Gesellschaft gegen das Organmitglied, also nur für die Innenverhältnisdeckung. Die Drittansprüche werden voll im Rahmen der Versicherung abgedeckt, weil im Außenverhältnis keine Interessenkollision besteht.[274] Der Grund für die Einführung dieser Klausel liegt darin, dass das Organmitglied gleichzeitig auch der Aktionär der Gesellschaft sein kann und somit in einem solchen Fall sowohl der Anspruchsteller als auch der in Anspruch genommene ist. Auf diese Weise entsteht für ihn eine echte Eigenschadenversicherung. Es kann also beim Eintritt von Verlusten seinen „Eigenschaden" begrenzen, indem es sich selbst in Anspruch nimmt.[275] Somit verhindert diese Klausel die freundliche Inanspruchnahme zwischen dem Unternehmen und seinem Organ zum Nachteil der Versicherungsgesellschaft.[276] Diese Klau-

---

[270] Vgl. Lange, O. (2003a), S. 466.
[271] Siehe im Anhang die AVB-AVG Ziff. 4.2 des GDV.
[272] Vgl. Fiala, J. / Stenger, P. (Hrsg.) / Leuschner, S. et al. (2005), S. 172; Beckmann, R. M. (2004), S. 29.
[273] Z.B. bei der Allianz liegt diese Quote der Beteiligung bei über 25%, vgl. Allianz (2008), § 3 Ziff. 1.4 AVB-O.
[274] Vgl. Olbrich, C. (2007), S. 166.
[275] Vgl. Plück, R. / Lattwein, A. (2004), S. 201.
[276] Vgl. Heitmann, L. (1999), S. 1081; Lange, O. (2003a), S. 466.

sel findet primär bei kleineren und mittleren Unternehmen Anwendung und vor allem bei den Einpersonengesellschaften, bei denen dieselben Personen sowohl die Organmitglieder als auch die Beteiligten sind.[277]

Problematisch ist die Eigenschadenklausel, wenn ein Organmitglied als Treuhänder die Beteiligung eines anderen hält. In diesem Fall trägt das Organmitglied als Treuhänder keinen wirtschaftlichen Eigenschaden und hat als Folge daraus normalerweise auch kein Interesse an der Ausnutzung der Versicherung zum Nachteil des Versicherers. Es muss aber die Art der Treuhand beachtet werden. Bei der Verwaltungstreuhand handelt es sich um eine uneigennützige Treuhand, d.h. das Organmitglied agiert fremdnützig. Bei der Sicherungstreuhand handelt es sich dagegen um eine eigennützige Treuhand, d.h. der Treuhänder, also das Organmitglied, hat die gleichen Interessen wie ein Shareholder. Daher muss die Eigenschadenklausel für die Sicherungstreuhand gelten. Bei der Verwaltungstreuhand liegt dagegen kein Eigenschaden des Organmitglieds vor, weswegen der Versicherer die volle Leistung des Schadens übernehmen müsste.[278]

Die Eigenschadenklausel kann auch bei einer treugeberischen Beteiligung des Organmitglieds problematisch sein. In diesem Fall lässt das Organmitglied seine Beteiligung an der Gesellschaft durch einen Treuhänder verwalten. In einem solchen Fall ist das Organmitglied nur mittelbar an der Gesellschaft beteiligt. Problematisch ist, ob die Eigenschadenklausel in einem solchen Fall für das Organmitglied gilt.[279]

Laut § 305 c Abs. 2 BGB werden Klauseln zu Ungunsten des Versicherers ausgelegt, wenn ein Zweifel bei der Auslegung der Allgemeinen Versicherungsbedingungen besteht. Deswegen muss der Versicherer den Begriff „Beteiligung" näher definieren, anderenfalls kann diese Klausel gem. § 305 c Abs. 2 BGB zu seinem Nachteil ausgelegt werden.[280]

Die meisten D&O-Versicherungsbedingungen sowie die Empfehlung der AVB-AVG des GDV haben daher den Begriff „Beteiligung" in der Eigenschadenklausel präzisiert. Demnach ist die Leistung des Versicherers sowohl bei mittelbarer als auch bei unmittelbarer Kapitalbeteiligung[281] des Organmitglieds ausgeschlossen. Es gibt sogar Versicherungsbedingungen, die das Treuhandverhältnis ausdrücklich in der Eigenschadenklausel

---

277 Vgl. Beckmann, R. M. (2004), S. 30.
278 Vgl. Beckmann, R. M. / Matusche-Beckmann, A. (2004), § 28 Rdn. 94; Beckmann, R. M. (2004), S. 30.
279 Vgl. Lange, O. (2003a), S. 467.
280 Vgl. Beckmann, R. M. (2004), S. 31; Lange, O. (2003a), S. 466 f.
281 Vgl. dazu die AVB-AVG Ziff. 4.2 des GDV im Anhang.

definieren. Auf diese Weise haben die meisten Versicherer das Problem mit der Treuhand weitgehend gelöst.
Die Eigenschadenklausel muss darüber hinaus auch den Beteiligungszeitpunkt enthalten. Bei fehlendem Zeitpunkt der Beteiligung wird es i.d.R. schwierig sein, die Beteiligungshöhe für eine Deckungskürzung festzustellen, da die Beteiligung z.B. beim Versicherungsvertragsabschluss, zum Zeitpunkt der Pflichtverletzung, bei der Geltendmachung des Schadensersatzanspruchs sowie im Zeitpunkt der Auszahlung unterschiedlich hoch sein kann. Die Unklarheit und die Unverständlichkeit bezüglich des Beteiligungszeitpunktes in der Eigenschadenklausel können außerdem gegen § 307 Abs. 1 S. 2 BGB verstoßen und somit unwirksam sein.[282] Aus den oben genannten Gründen wird der Beteiligungszeitpunkt in den meisten Eigenschadenklauseln genau festgelegt.[283]
Auch der Abzug der Quote der Beteiligung bei der Eigenschadenklausel berücksichtigt den tatsächlichen wirtschaftlichen Eigenschaden des Schädigers nicht. Der Versicherer zieht von der Versicherungsleistung nur den prozentualen Anteil des Schädigers am gesamten Vermögen ab und nicht den tatsächlichen Anteil des Schädigers. Deswegen kann die Deckungskürzung die reale Kapitalbeteiligung u.U. übersteigen. Besonders bei höheren Schäden tritt ein solcher Fall ein. Das in Anspruch genommene Organmitglied wird in einem solchen Fall durch diese Klausel benachteiligt.[284]
Im Prinzip verhindert die Eigenschadenklausel die Kollusionsgefahren sowie die betrügerische Ausnutzung der Versicherung zum Nachteil des Versicherers. Dennoch weist diese Klausel auch Schwächen bezüglich der Beteiligungsquote und des Beteiligungszeitpunktes auf. Das Ziel der D&O-Versicherung, der Schutz des privaten Vermögens der Organmitglieder, wird zum Teil verfehlt, wenn ein Organmitglied an seiner Gesellschaft beteiligt ist, da dieses Organmitglied bei großen Schäden nicht nur seine Beteiligung verliert, sondern sogar bestraft wird.

### 4.8.5 Modifizierte Innenhaftungsdeckung gem. Ziffer 1.3 des GDV-Modells (1997)

#### 4.8.5.1 Zweck und Inhalt der Klausel

Um die freundliche Inanspruchnahme bzw. Kollusion und Ausnutzung des unternehmerischen Risikos zu vermeiden, hat der GDV in seiner Erstfassung der Musterbedingun-

---

[282] Vgl. Lange, O. (2003a), S. 468; Beckmann, R. M. (2004), S. 31.
[283] So z.B. bei der Allianz gilt der Zeitpunkt der Geltendmachung der Ansprüche als Beteiligungszeitpunkt, vgl. Allianz (2008), § 3 Ziff. 1.4 AVB-O.
[284] Vgl. Beckmann, R. M. (2004), S. 32 f.

gen im Jahre 1997 in Ziffer 1.3 die sog. modifizierte Innenhaftungsdeckung vorgeschlagen. Nach dieser Klausel gewährt der Versicherer den Versicherungsschutz nur dann, wenn die Innenhaftungsansprüche nicht auf Weisung, Veranlassung oder Empfehlung einer versicherten Person gemacht wurden, d.h. es besteht keine Deckung, wenn die Organmitglieder selbst den Versicherungsschutz auslösen, jemanden damit beauftragen oder empfehlen, den Versicherungsschutz geltend zu machen. Eine Ausnahme ist lediglich bei Erfüllung gesetzlicher oder satzungsgemäßer Berichts- und Informationspflichten gegeben.[285] Diese Klausel begrenzt also den Versicherungsschutz innerhalb der Innenhaftung hauptsächlich auf die Forderungen des Insolvenzverwalters und die Anspruchserhebung direkt durch die Hauptversammlung gem. § 147 AktG.[286]

### 4.8.5.2 Einschränkung des Ausschlusstatbestandes

Die modifizierte Innenhaftungsdeckung ist hinsichtlich der ARAG/Garmenbeck-Entscheidung des BGH problematisch.[287] Diese Entscheidung konkretisiert die Überwachungspflichten des Aufsichtsrates, § 111 Abs. 1 AktG. Danach ist der Aufsichtsrat verpflichtet, eigenverantwortlich zu untersuchen, ob Ansprüche auf Schadensersatz der AG gegen Vorstandsmitglieder bestehen; bejahendenfalls muss er diese geltend machen.[288] Macht der Aufsichtsrat pflichtgemäß die Schadensersatzansprüche gegen den Vorstand geltend, dann gefährdet er den Versicherungsschutz des Vorstands, weil er gegen die Klausel verstößt. Verzichtet er dagegen auf die Geltendmachung der Schadensersatzansprüche gegen den Vorstand und wartet, bis die Hauptversammlung eine Entscheidung trifft, dann droht ihm selbst ein Haftungsrisiko.[289] Auch die Öffnung der Klausel in Ziffer 1.3 unter Satz 2 löst das Problem des Aufsichtsrates nicht, weil die versicherten Personen ausnahmsweise die Innenhaftungsansprüche nur bei Erfüllung gesetzlicher oder satzungsgemäßer Berichts- und Informationspflichten geltend machen können. Aufgrund der bestehenden Einschränkungen auf die Berichts- und Informationspflichten gilt diese Öffnung der Klausel für den obigen Fall nicht.[290]

Der Vorstand ist verpflichtet, dem Aufsichtsrat umfassend Berichte[291] zu erstatten, § 90 AktG. Gem. § 116 S. 2 AktG ist der Aufsichtsrat verpflichtet, über erhaltene vertrauliche Berichte und vertrauliche Beratungen zu schweigen. Wenn der Aufsichtsrat auf-

---

[285] Vgl. Ihlas, H. / Stute, K. (2003), S. 6, 16.
[286] Vgl. Schmitt, S. M. (2007), S. 154.
[287] Vgl. Plück, R. / Lattwein, A. (2004), S. 195.
[288] Vgl. Olbrich, C. (2007), S. 37 f.; BGH, Urteil vom 21.04.1997 (II ZR 175/95), BGHZ 135, S. 244.
[289] Vgl. Plück, R. / Lattwein, A. (2004), S. 195.
[290] Vgl. Plück, R. / Lattwein, A. (2004), S. 195.
[291] Siehe dazu die Ausführungen unter 3.2.1.2.6 zur Berichtspflichten.

grund der Berichte und vertraulicher Beratungen gegen den Vorstand eine Klage erhebt, dann ist dies als gesetzliche Aufgabe unschädlich. Die Einschränkung der Ausschlussklausel durch die Erfüllung gesetzlicher Obliegenheiten ist damit recht weitgehend. Auch nach den AGB-rechtlichen Bestimmungen tritt die Regelung der modifizierten Innenhaftungsdeckung im Zweifelsfall ohnehin zurück, § 305 c Abs. 2 BGB.[292]

#### 4.8.5.3 AGB-rechtliche Wirksamkeit der modifizierten Innenhaftungsdeckung

Ob die modifizierte Innenhaftungsdeckung nach § 307 Abs. 1 S. 1, Abs. 2 Nr. 1 BGB unwirksam ist, wird unterschiedlich beurteilt. Dieser Meinungsstreit wird in den Fällen entschärft, wo es sich bei den Versicherungsbedingungen um keine allgemeinen Geschäftsbedingungen i.S.d. § 305 Abs. 1 S. 1 BGB handelt. Immer öfter werden Versicherungsbedingungen vor allem bei den größeren Kapitalgesellschaften risikospezifisch und individuell auf die jeweilige Gesellschaft zugeschnitten.[293] In einem solchen Fall sind die §§ 305 ff. BGB nicht anwendbar, § 305 Abs. 1 S. 1 und S. 3 BGB. Der oben angesprochene Meinungsstreit muss also nur für die Fälle entschieden werden, wo es sich bei den Versicherungsbedingungen um Allgemeine Geschäftsbedingungen i.S.d. § 305 Abs. 1 S. 1 BGB handelt.

##### 4.8.5.3.1 Vordringliche Auffassung

Die vordringliche Auffassung geht davon aus, dass die modifizierte Innenhaftung nicht nach § 307 Abs. 1 S. 1, Abs. 2 Nr. 1 BGB unwirksam sei. Zu den Repräsentanten der Gesellschaft gehören nach der vordringlichen Auffassung sowohl die Vorstands- als auch die Aufsichtsratsmitglieder.

Die Gesellschaft als juristische Person sei i.d.R. Versicherungsnehmerin und auch Prämienschuldnerin, deswegen trage sie auch primär selbst für die Einhaltung der Anzeigepflichten und Obliegenheiten die Verantwortung.[294] Gem. § 47 Abs. 1 VVG unterliegen bei der D&O-Versicherung außer der Versicherungsnehmerin auch die versicherten Personen den Obliegenheitspflichten. Deswegen werden die Obliegenheitsverletzungen einer versicherten Person immer der Versicherungsnehmerin zugerechnet. Daher sei es unwichtig, ob gegen bestehende Obliegenheit das in Anspruch genommene Organmitglied oder eine andere versicherte Person verstoßen habe. Es sei auch irrelevant, ob die versicherte Person den Vertrag wissentlich oder willentlich verletzt habe oder auch

[292] Vgl. Schmitt, S. M. (2007), S. 167.
[293] Vgl. Schmitt, S. M. (2007), S. 157.
[294] Vgl. Ihlas, H. (1997), S. 192.

nicht. Die Vertragsparteien seien allein das Anstellungsunternehmen und der Versicherer. Aus diesem Grunde werden alle Obliegenheitsverletzungen dem Versicherungsnehmer zugerechnet und die sich daraus ergebenden Rechtswirkungen gelten ausschließlich zwischen den Vertragsparteien. Auch wenn eine versicherte Person durch den Verlust der Deckung indirekt betroffen sei, habe dieser Verlust für sie keinen unangemessenen Nachteil, weil ihr nur der Schutz durch eine Versicherungspolice weggenommen werde, bei der sie weder die Vertragspartei noch die Prämienzahlerin sei. Deshalb werde in die begründeten Rechtspositionen der versicherten Organmitglieder nicht eingegriffen.[295]

#### 4.8.5.3.2 Vorherrschende Auffassung

Nach der vorherrschenden Auffassung verstoße diese Klausel gegen § 307 Abs. 1 S. 1, Abs. 2 Nr. 1 BGB, weil sie von den gesetzlichen Vorgaben erheblich abweiche und mit zentralen Grundgedanken des § 81 VVG unvereinbar sei. Diese Klausel, die die kollusive Kooperation des Versicherungsnehmers mit seinen versicherten Organmitgliedern verhindern soll, gehe deutlich über das berechtigte Ziel des Versicherers hinaus und sei daher unwirksam.[296]

Die versicherungsnehmende Gesellschaft müsse nur für eigenes oder für das Verschulden seiner Repräsentanten und Wissensvertreter einstehen. Die modifizierte Innenhaftungsdeckung ermögliche dagegen dem Versicherer, den Versicherungsschutz schon aufgrund des Verhaltens anderen Personen zu verwehren, die keine Repräsentanten und Wissensvertreter der Gesellschaft seien, exemplarisch wird ein Aufsichtsratsmitglied genannt; d.h. der Versicherer könne nur dann von der Leistung befreit werden, wenn das Verschulden dem Versicherungsnehmer oder seinen Repräsentanten und Wissensvertretern zugerechnet werden könne. Die Erweiterung der Klausel auf die anderen Personen, die nicht Repräsentanten und Wissensvertreter der Gesellschaft seien, sei gem. § 307 Abs. 2 Nr. 1 BGB unwirksam.[297]

#### 4.8.5.3.3 Eigene Stellungnahme

Nach der Definition des BGH ist Repräsentant, „wer in dem Geschäftsbereich, zu dem das versicherte Risiko gehört, aufgrund eines Vertretungs- oder ähnlichen Verhältnis-

[295] Vgl. Schmitt, S. M. (2007), S. 158.
[296] Vgl. Schmitt, S. M. (2007), S. 155.
[297] Vgl. Lange, O. (2003b), S. 1 f.

ses“[298], also mit Wissen und Wollen des Versicherungsnehmers, an dessen Stelle getreten ist[299] und wem auf Grund ausdrücklicher Bestellung oder tatsächlicher „Handhabung bedeutsame wesensmäßige Funktionen der juristischen Person zur selbständigen eigenverantwortlichen Erfüllung zugewiesen sind“[300]. Die Vorstände sind gem. § 78 Abs. 1 AktG zur Vertretung der Gesellschaft sowohl gerichtlich als auch außergerichtlich befugt. Sie sind auch Wissensvertreter, § 78 Abs. 2 AktG. Somit sind Vorstände eindeutig die Repräsentanten der Gesellschaft. Nach § 111 Abs. 1 AktG gehört zu den Aufgaben des Aufsichtsrats nur die interne Überwachung der Geschäftsführung. Bei der Feststellung von Pflichtverletzungen des Vorstands ist der Aufsichtsrat zwar verpflichtet, gegen den Vorstand die Ansprüche geltend zu machen und nach § 112 AktG ausnahmsweise berechtigt, die Gesellschaft direkt gerichtlich und außergerichtlich zu vertreten. Die vordringliche Auffassung verkennt jedoch, dass der Aufsichtsrat im Gegensatz zum Vorstand nur ein Innenorgan ist und grundsätzlich der Vorstand die Gesellschaft als Außenorgan vertritt. Somit ist der Aufsichtsrat auch bei seiner Pflicht zur Anspruchsverfolgung nicht als Repräsentant der juristischen Person anzusehen. Daher betrifft die modifizierte Innenhaftungsdeckung nicht den Aufsichtsrat. Demnach ist die Grundannahme der vordringlichen Auffassung bezüglich der Stellung des Aufsichtsrats abwegig.

Gem. § 81 VVG ist der Versicherer nicht leistungspflichtig, wenn der Versicherungsnehmer vorsätzlich den Versicherungsfall auslöst und bei grob fahrlässiger Herbeiführung des Versicherungsfalles ist der Versicherer befugt, die Leistung angemessen zu kürzen.[301] § 81 VVG gilt als Maßstab, an dem diese Klausel gemessen werden muss. Der Versicherer ist also nur dann von der Verpflichtung zur Leistung voll oder teilweise befreit, wenn sich der Versicherungsnehmer bezüglich des versicherten Interesses und Risikos sorglos verhält.[302] Bereits bei einer fahrlässigen Veranlassung der Innenanspruchserhebung tritt der Deckungsausschluss ein. So wird die Deckung ausgeschlossen, wenn ein Organmitglied, das keine Kenntnis vom Abschluss der Police hat, fahrlässig die Innenhaftungsansprüche geltend macht. In solcher Situation liegt aber a priori keine vorsatzbedingte Kollusion vor.[303]

---

298 BGH, Urteil vom 21.04.1993 (IV ZR 34/92), BGHZ 122, S. 250.

299 Vgl. BGH, Urteil vom 21.04.1993 (IV ZR 34/92), BGHZ 122, S. 250.

300 BGH, Urteil vom 21.09.1971 (VI ZR 122/70), VersR 1971, S. 1123.

301 Obwohl § 81 VVG sich nur auf den Versicherungsnehmer bezieht, stellt § 47 Abs. 1 VVG das Verhalten des Versicherten dem des Versicherungsnehmers gleich.

302 Vgl. Schmitt, S. M. (2007), S. 156.

303 Vgl. Lange, O. (2003b), S. 1 f.

Damit überzeugt die vordringliche Auffassung nicht. Vielmehr ist der vorherrschenden Auffassung zu folgen und die Unwirksamkeit der modifizierten Innenhaftungsdeckung zu bejahen.

Im Übrigen bleibt zu beachten, dass die „modifizierte Innenverhältnisdeckung" eine wesentliche Beschränkung des Versicherungsschutzes für Innenansprüche darstellt, weil nur wenige Personen die Ansprüche im Innenverhältnis geltend machen können.[304] Außerdem muss der Versicherer im Streitfall selbst beweisen, dass die Aktivierung des Versicherungsfalls auf Weisung, Veranlassung oder Empfehlung des Vorstands geschah. Diese ist jedoch in der Praxis kaum beweisbar.

### 4.8.6 Major shareholder exclusion

Ein weiteres Instrument zur Begrenzung der freundlichen Inanspruchnahme ist die sog. major shareholder exclusion. Dieses Instrument stammt aus dem anglo-amerikanischen Raum.[305] Die major shareholder exclusion besagt, dass der Versicherer den Versicherungsschutz nur dann gewährt, wenn die Innenhaftungsansprüche nicht auf Weisung oder Veranlassung der Groß- oder Mehrheitsaktionäre geltend gemacht werden.[306] Der Zweck dieser Klausel ist die Vermeidung der Manipulationsgefahr seitens der Groß- oder der Mehrheitsaktionäre, weil sie i.d.R. die Gesellschaft bezüglich der Personalpolitik und der Unternehmensziele beeinflussen können.[307] Die Groß- oder Mehrheitsaktionäre besetzen den Aufsichtsrat und den Vorstand mit Personen ihres Vertrauens, die ihre Interessen entsprechend vertreten. Dadurch entsteht die Möglichkeit, die D&O-Versicherung zu missbrauchen, indem sie die Schadensersatzansprüche gegen den versicherten Vorstand für angebliche Pflichtverletzungen geltend machen, die sie vorher selbst noch gebilligt oder sogar mitgetragen haben. Deswegen soll ab einer bestimmten Beteiligungshöhe kein Versicherungsschutz für Ansprüche der Groß- oder Mehrheitsaktionäre zur Verfügung gestellt werden, weil sonst eine reine Eigenschadenversicherung bestehen würde.[308]

Diese Klausel kann bezüglich der Beteiligungshöhe problematisch sein, weil sie den Prozentsatz festlegen muss, ab welchem ein Aktionär als ein Groß- oder Mehrheitsaktionär gilt. In der Literatur wird die Meinung vertreten, dass ein Groß- oder Mehrheits-

[304] Vgl. Beier-Thomas, A. (2003), S. 219.
[305] Vgl. Ihlas, H. (1997), S. 275.
[306] Vgl. O'Leary, M. (2007), S. 151; Plück, R. / Lattwein, A. (2004), S. 195 f.
[307] Vgl. Ihlas, H. / Stute, K. (2003), S. 25.
[308] Vgl. Plück, R. / Lattwein, A. (2004), S. 195.

aktionär erst ab einer Beteiligung von 50% gegeben ist.[309] Da sich die Beteiligungshöhe der Aktionäre im Laufe der Zeit ändert, ist fraglich, welcher Zeitpunkt zugrunde gelegt werden muss. Außerdem muss der Versicherer beweisen, dass der Groß- oder Mehrheitsaktionär an den Vorstand oder den Aufsichtsrat die Anweisung erteilt hat. Dieses wird jedoch in der Praxis kaum möglich sein.
In der Praxis kann diese Klausel die Kollusionsgefahren kaum verhindern. Es gibt viele Möglichkeiten, diese Klausel zu umgehen, z.B. durch Spaltung der Aktien auf Familienmitglieder oder durch den einfachen Aktienverkauf.

### 4.8.7 Sublimitierung und erhöhter Selbstbehalt

Ein weiteres Instrument für die Bekämpfung der Kollusionsgefahr ist die sog. Sublimitierung. Bei der Sublimitierung wird in der Klausel die maximale Deckungssumme für Innenhaftungsfälle festgelegt, d.h. für die Ansprüche aus dem Innenverhältnis wird lediglich ein bestimmter Anteil der eigentlich vereinbarten Deckungssumme freigegeben. Dieses Instrument erweist sich bei der Bekämpfung von kollusivem Verhalten als uneffektiv. Die freigegebene Deckungssumme für die Innenhaftung wird bei einer Sublimitierung weiterhin von der Gefahr des Missbrauchs nicht geschützt, und zwar auch dann nicht, wenn bei einer Sublimitierung nur die Hälfte oder ein noch geringerer Teil der Deckungssumme freigegeben wird. Außerdem haften die Organmitglieder bei der Überschreitung des festgelegten Limits, also oberhalb des Sublimits, mit ihrem gesamten privaten Vermögen. Diese Klausel bedroht die finanzielle Existenz der Organmitglieder, anstatt deren Vermögen zu schützen, was eigentlich der Kern der D&O-Versicherung sein sollte.[310]
Eine weitere Möglichkeit, die freundliche Inanspruchnahme zu reduzieren, bietet der erhöhte Selbstbehalt. Bei einem erhöhten Selbstbehalt handelt es sich um eine Vereinbarung eines hohen unversicherten Eigenanteils des Organmitglieds an einem grundsätzlich versicherten Innenanspruch. Die Selbstbeteiligung des Organmitglieds wird in der Klausel entweder prozentual oder als ein absoluter Betrag angegeben.[311] Der erhöhte Selbstbehalt für Innenansprüche wird i.d.R. an einen generellen Selbstbehalt angeschlossen. Der generelle Selbstbehalt gilt für alle Versicherungsfälle, in denen das versicherte Organmitglied in Anspruch genommen wird. Sogar der Corporate Governance Kodex empfiehlt in Abschnitt 3.8, dass die Gesellschaft für den Vorstand und den Auf-

---

[309] Vgl. Ihlas, H. / Stute, K. (2003), S. 25.
[310] Vgl. Beier-Thomas, A. (2003), S. 220; Schmitt, S. M. (2007), S. 175.
[311] Vgl. Schmitt, S. M. (2007), S. 175.

sichtsrat beim Abschluss einer D&O-Versicherung einen angemessenen Selbstbehalt vereinbaren soll.[312]

Der erhöhte Selbstbehalt kann die Kollusionsgefahr nicht verhindern. Auch wenn der Selbstbehalt z.B. 20% beträgt, bleibt der größte Teil des Schadens versichert. Bei einer freundlichen Inanspruchnahme zwischen der Gesellschaft und ihrem Organmitglied kann der komplette Schaden auf den Versicherer verlagert werden[313], indem der Versicherungsnehmer einen überhöhten Schaden geltend macht. Der Versicherer übernimmt in einem solchen Fall den Teil des überhöhten Schadens und deckt so den tatsächlich aufgetretenen Schaden der Gesellschaft ab. Die Gesellschaft verzichtet ihrerseits auf ihren Anspruch gegen das Organ. Außerdem kann die Gesellschaft bei einer freundlichen Inanspruchnahme einfach den Selbstbehalt des Organs selbst übernehmen. Bei den begründeten Großschäden hingegen führt der erhöhte Selbstbehalt dazu, dass das Privatvermögen der Organmitglieder bei weitem nicht ausreichen würde, um den Schaden zu begleichen. Deswegen verliert die Deckung der Versicherung für die Organmitglieder jeden wirtschaftlichen Wert.[314]

Durch den Selbstbehalt als Instrument sollten die Missbrauchsgefahren ausgeschlossen werden. Diese Klausel sollte bei den Organmitgliedern das Pflichtbewusstsein und die Bestrebung zur Schadensvermeidung wecken. Jedoch erweist sich dieses Instrument als ungeeignet, die freundliche Inanspruchnahme im Innenverhältnis zuverlässig zu vermeiden. So kann bei hoher Selbstbeteiligung der Organmitglieder die Manipulationsgefahr nicht ausgeschlossen werden. Außerdem widerspricht diese Klausel dem Sinn und dem Zweck der D&O-Versicherung.

### 4.8.8 Prämienerhöhungs- bzw. Prämiennachforderungsklausel

Die Prämienerhöhungs- bzw. Prämiennachforderungsklausel ist ein weiteres Instrument, das die Versicherer anwenden, um die freundliche Inanspruchnahme zu reduzieren. Diese Klausel besagt, dass sich die Prämie rückwirkend zum Vertragsabschluss um einen Prozentsatz des geltend gemachten Schadens erhöht, wenn die versicherte Gesellschaft das versicherte Organ in Anspruch nimmt. Auch bei der Anspruchsabwehr wird dieser Prozentsatz nicht zurückgezahlt. Im Falle einer Schadenszahlung des Versicherers muss die versicherte Gesellschaft rückwirkend noch einen festgelegten Prozentsatz des ge-

---

[312] Vgl. Plück, R. / Lattwein, A. (2004), S. 202.
[313] Vgl. Beier-Thomas, A. (2003), S. 220.
[314] Vgl. Schmitt, S. M. (2007), S. 175.

ltend gemachten Schadens als Prämiennachforderung begleichen. Diese Klausel gilt aber nur für die Ansprüche aus der Innenhaftung.[315]

Eine solche Nachprämie der Gesellschaft, die beim Schadensausgleich des Versicherers durch die versicherte Gesellschaft erbracht werden muss, ist in Wirklichkeit nur eine indirekte Mitbeteiligung der versicherten Gesellschaft am Schadensausgleich.[316]

Die Prämienzahlung kann aber nur dann mit einem Anspruchsverzicht nicht gleichgesetzt werden, wenn die Prämien im Voraus als Gegenleistung für ein in die Zukunft gerichtetes Deckungsversprechen geleistet werden. Bei Prämien, die erst im Nachhinein für einen schon eingetretenen Schaden fällig werden, handelt es sich hingegen um eine Selbstbeteiligung der Gesellschaft in Höhe des vereinbarten Prozentsatzes und somit um einen Anspruchsverzicht, weil die Gesellschaft die Forderung selbst indirekt erfüllt. Auf den Anspruch kann aber die Gesellschaft gem. § 93 Abs. 4 S. 3 AktG erst drei Jahre nach dessen Entstehung und nur mit Zustimmung der Hauptversammlungsmehrheit verzichten. Deswegen ist der Teil der Klausel, der sich auf die Prämiennachzahlung bezieht, unwirksam. Auch eine Nachprämie im Falle der Anspruchsabwehr stellt eine inadäquate Benachteiligung der versicherungsnehmenden Gesellschaft dar, weil in diesem Fall eindeutig keine kollusive Kooperation zwischen der Gesellschaft und dem versicherten Organ vorliegt. Der Versicherer kann in einem solchen Fall nicht auf sein im Prinzip anerkennenswertes Interesse verweisen. Im Gegenteil, der Versicherer erhält in einer solchen Situation zusätzliche Prämieneinnahmen, was dem Billigkeitsgebot des § 307 Abs. 1 S. 1 BGB widerspricht. Außerdem ist die Nachzahlung der Prämie bei der Anspruchsabwehr gem. § 305 c Abs. 1 BGB überraschend und gem. § 307 Abs. 1 S. 2 BGB intransparent und deswegen gem. § 307 Abs. 1 S. 1 BGB unwirksam.[317]

Die oben beschriebenen Mängel könnten behoben werden, wenn die Nachzahlung der Prämie bei der Anspruchsabwehr abgeschafft würde und die Erhöhung der Prämie, wie bei der Kfz-Haftpflichtversicherung, erst in der nächsten Versicherungsperiode stattfinden würde. In diesem Fall gilt die Prämienzahlung nicht als ein Anspruchsverzicht, weil sie für eine in die Zukunft gerichtete Deckung bestimmt und somit zulässig ist. Auch für die versicherten Organmitglieder und die Gesellschaft ist diese Klausel vorteilhaft, weil sie die Ansprüche im Innenverhältnis vollständig deckt. Diese Klausel verhindert die Kollusionsgefahr, weil einerseits der Versicherer darauf mit Prämienerhöhung reagieren kann und andererseits der Versicherungsnehmer durch die Kollusion keine Vorteile be-

---

[315] Vgl. Steinkühler, S. / Wilhelm, M. (2005), S. 126.
[316] Vgl. Schmitt, S. M. (2007), S. 176.
[317] Vgl. Steinkühler, S. / Wilhelm, M. (2005), S. 126; Schmitt, S. M. (2007), S. 176 f.

kommt, da ihm in der nächsten Versicherungsperiode Prämienerhöhung droht. Deswegen könnte dieser Lösungsvorschlag sowohl für die Gesellschaft als auch für die Versicherer akzeptabel sein und effektiv das Vermögen der Gesellschaft schützen.

### 4.8.9 Beschränkung auf Abwehrkosten

Dieser Lösungsvorschlag zur Verringerung von Manipulations- und Kollusionsgefahren begrenzt die Innenhaftungsdeckung nur auf reine Abwehrkosten.[318] Diese Klausel verhindert die Manipulationsgefahr, weil einerseits der Versicherungsnehmer dabei keinen Zugriff auf die hohen Deckungssummen im Innenverhältnis hat und deswegen keine Schadensfälle mit oder ohne Hilfe des Organs simulieren wird. Andererseits wird die Meinung vertreten, dass diese Klausel den Interessen der Organmitglieder entspreche, weil sie den unbegründeten Schadensersatzansprüchen entgegenwirken könnte und nicht allein wegen der wirtschaftlichen Schwäche im Vergleich zu der Gesellschaft kapitulieren müsste.[319]

Obwohl diese Klausel die Kollusionsgefahr im Innenverhältnis reduziert, schränkt sie den D&O-Versicherungsschutz enorm ein.[320] Diese Bedingung ist nur für die Versicherer vorteilhaft. Da aber der Pflichtenkreis der Organmitglieder sehr umfangreich ist, liegen die größten Risiken für den Versicherungsnehmer im Innenverhältnis und genau diese Risiken werden durch die Versicherung nicht abgedeckt. Daher ist zu vermuten, dass solche Versicherungsbedingungen kaum ein Versicherungsnehmer akzeptieren wird.

## 4.9 Ausschluss der Deckung von Innenansprüchen

Auch durch den kompletten Ausschluss der Innenverhältnisdeckung kann die Gefahr der freundlichen Inanspruchnahme vermieden werden. Dann aber reduziert sich der Umfang der D&O-Versicherung auf eine reine Drittschadensdeckung, weil die Versicherung den Versicherungsschutz nur für die Ansprüche aus dem Außenverhältnis gewähren wird.[321] In der Praxis wird der Ausschluss der Innenverhältnisdeckung heutzutage kaum praktiziert, weil einerseits die Versicherungsnehmer solche Bedingungen nicht akzeptierten und andererseits die Versicherer aufgrund des starken Wettbewerbs in diesem Markt-

[318] Vgl. Schilling, J. (2002b), S. 217.
[319] Vgl. Beckmann, R. M. (2004), S. 37.
[320] Vgl. Beckmann, R. M. (2004), S. 37.
[321] Vgl. Hendricks, M. (2003), S. 166.

segment gezwungen sind, auch die Risiken aus dem Innenverhältnis in den Versicherungsschutz aufzunehmen.
Außerdem entsteht bei einer reinen Drittschadensdeckung für den Vorstand eine paradoxe Situation. Der Geschädigte hat das Wahlrecht zwischen der Gesellschaft und ihrem Vorstand, wenn er Schadensersatzansprüche wegen einer Pflichtverletzung des Vorstands geltend machen will. Wenn er seine Ansprüche direkt gegen den Vorstand geltend macht, deckt die D&O-Versicherung diesen Schaden ab. Wenn aber der Geschädigte die gleichen Schadensersatzansprüche gegenüber der Gesellschaft geltend macht und die Gesellschaft ihren Vorstand im Innenverhältnis in Regress nimmt, deckt die D&O-Versicherung denselben Schaden nicht.[322]

# 5 Schlussbetrachtung

Die gesetzlichen Bestimmungen im Bereich der Innenhaftung der Vorstände wurden sehr ausgeweitet und sind sehr komplex geworden. Die Vorstände müssen während ihrer Tätigkeit, abgesehen von ihrer primären Qualifikation, z.B. Controlling, Finanzen oder Organisation, auch diverse gesetzliche Bestimmungen beachten, die i.d.R. viele kleinere Nuancen haben, die nur für Fachjuristen verständlich sind. Bei Verletzung dieser Pflichten droht den Vorstandsmitgliedern eine gesamtschuldnerische und unbeschränkte Haftung. Die Vorstandsmitglieder müssen wie „Equilibristen" nur entlang des dünnen Seils gehen und einen langen Stock zum Ausbalancieren haben. Sie müssen also zwischen der unternehmerischen Entscheidungsfreiheit und den gesetzlichen Verpflichtungen Balance halten und bei jedem falschen Schritt droht ihnen die persönliche Haftung.
Die Lösung für diese drohenden Risiken soll die D&O-Versicherung anbieten. Diese Versicherung soll die Haftungsrisiken der Vorstandmitglieder übernehmen und damit dem Vorstand risikoloses oder fast risikoloses Agieren garantieren.
Die Anbieter der D&O-Versicherungen haben aber aufgrund des Missbrauchsrisikos im Innenverhältnis verschiedene Klauseln entwickelt, um die Manipulations- und Kollusionsgefahren auszuschließen. Der Grund dieses Risikos besteht darin, dass zwischen dem versicherungsnehmenden Unternehmen und seinem versicherten Organ eine intensive persönliche Beziehung besteht. Außerdem kann die D&O-Versicherung, die keine Begrenzung oder Selbstbeteiligung bei der Innenverhältnisdeckung hat, als reine Eigenschadenversicherung betrachtet werden und nicht als Haftpflichtversicherung.

[322] Vgl. Hendricks, M. (2003), S. 166.

Zwar werden in der Fachliteratur verschiedene Formen, Gründe und Möglichkeiten der Kollusion dargestellt, es sind aber aus der Praxis keine Fälle der freundlichen Inanspruchnahme bekannt. Deswegen ist es offen, ob die Versicherer durch diverse Klauseln wirklich die Kollusionsgefahr reduzieren, oder ob sie einfach die großen Risiken im Innenbereich ausschließen wollen. Schließlich stammen ca. 75% der Schadensfälle aus dem Innenverhältnis.

Die meisten der oben dargestellten Klauseln, die diese Risiken reduzieren oder gar ausschließen sollen, sind AGB-rechtlich bedenklich. Außerdem widersprechen diese Klauseln i.d.R. den Interessen der betroffenen Organe und des Versicherungsnehmers. So sind die Bedingungen der Gerichts- und Öffentlichkeitsklauseln und die aktuelle Konzeption in Ziffer 1.3 der Musterbedingungen des GDV (2008), die eigentlich eine Mischform der beiden Klauseln ist, sowie die Kündigungsklauseln und die modifizierte Innenhaftungsdeckung unverhältnismäßig. Das verfolgte berechtigte Ziel des Versicherers, die Vermeidung der Kollusion, geht bei diesen Klauseln zu weit, weil sie die Interessen des Versicherungsnehmers und des versicherten Organs bspw. bezüglich der Geheimhaltung der Schadensabwicklung oder der Entscheidungsfreiheit in Bezug auf die Kündigung des Organmitglieds etc., nicht berücksichtigen. Diese Klauseln machen die rechtmäßige Auslösung des Versicherungsfalls für den Versicherungsnehmer und die versicherten Personen selbst im Ernstfall fast unmöglich. Auch die Bedingungen der restlichen Klauseln sind unverhältnismäßig. Sie begrenzen die Deckung deutlich stärker, als es notwendig ist. Das Ziel der D&O-Versicherung, nämlich Vermögensschutz des Versicherungsnehmers und seines Organs, geht bei diesen Klauseln verloren. Besonders im Innenbereich sind solche Beschränkungen der Versicherung für den Versicherungsnehmer und die versicherten Organmitglieder unzumutbar, weil die meisten Risiken gerade im Innenverhältnis entstehen und die Schäden i.d.R. enorm groß sind. Dennoch werden viele dieser Klauseln am D&O-Markt verwendet.

Das Bestreben der Versicherer, das kollusive Zusammenwirken des Versicherungsnehmers und seines Organs zu begrenzen oder auszuschließen, ist nachvollziehbar, weil die Versicherungsgesellschaften in anderen Versicherungssparten im Bereich des Versicherungsbetrugs negative Erfahrungen gemacht haben. Da die D&O-Versicherung ein relativ neues Produkt auf dem deutschen Versicherungsmarkt ist, haben die Versicherer noch wenig Daten über die Schadenstatisik gesammelt. Die Erfahrung der anderen Sparten kann aber auf die D&O-Sparte u.U. projiziert werden.

Die Untersuchungen haben gezeigt, dass in fast allen Industrieländern abhängig von der analysierten Versicherungssparte mehr als 10% aller Schadensmeldungen betrügerisch sind. In einigen Sparten steigt der Anteil sogar auf 50%.[323] Die Studie des Marktforschungsunternehmens "Growth from Knowledge" aus dem Jahre 2002 hat auch ähnliche Ergebnisse erbracht, wie aus der Abbildung 6 ersichtlich ist.[324] Nach dieser Studie sind 14% der Fälle bei der Privathaftpflichtversicherung und 19% bei der Hausratsversicherung vorgetäuscht. Die Studie zeigt auch, dass die Höhe der entstandenen Schäden in der Mehrzahl der Fälle übertrieben wurden.

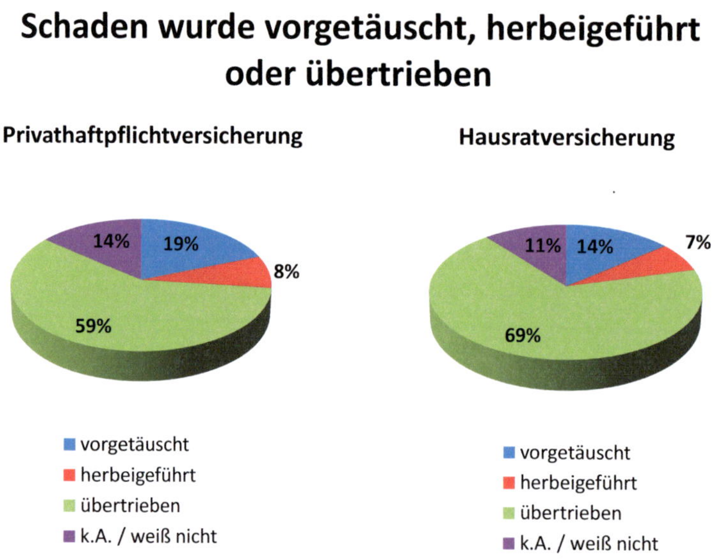


**Abbildung 6: Grafik zum Versicherungsbetrug**
**Quelle: In Anlehnung an GDV (2002), S. 2.**

Der Versicherungsbetrug wird in diesen Versicherungssparten i.d.R. durch Absprache des Geschädigten mit dem Schädiger vorgetäuscht. Bspw. bei der Privathaftpflichtversicherung werden oft Fälle simuliert, bei welchen ein naher Verwandte oder ein guter Freund sich auf eine sehr teure Brille setzt oder ein Auto unabsichtlich stark beschädigt usw. Diese Fälle zeigen, dass i.d.R. bei einem Versicherungsbetrug intensive persönliche Beziehungen zwischen dem angeblichen Schädiger und Geschädigtem bestehen. Da bei der D&O-Versicherung zwischen der versicherungsnehmenden Gesellschaft und

[323] Vgl. Ulbricht, N. / Fähnrich, E. (2005), S. 1490.
[324] Vgl. GDV (2002), S. 2.

dem versicherten Organ auch intensive persönliche Beziehungen bestehen, existiert die Möglichkeit, dass die D&O-Versicherung zugunsten des Versicherungsnehmers missbraucht wird. Der Unterschied zwischen der D&O-Versicherung und der Privathaftpflicht- und Hausratsversicherung besteht u.a. darin, dass die Schadenssummen i.d.R. in der D&O-Sparte viel größer sind. Deswegen ist es auch verständlich, warum die Versicherer solche Klauseln in ihre Versicherungsbedingungen aufnehmen oder aufnehmen wollen.

Abgesehen von den Klauseln ist schließlich die sorgfältige Auswahl der potenziellen Versicherungsnehmer durch den Versicherer unabdingbar, um das Risiko effektiv zu begrenzen. Maßgeblich ist dabei die langandauernde Stetigkeit bei den Jahresabschlusszahlen und den handelnden Personen. Die Unternehmen und Branchen, die hohen Verlustrisiken ausgesetzt sind, wie bspw. Finanzdienstleister oder die Baubranche, sollen entweder nicht versichert werden oder erhöhte Prämien zahlen und eine Selbstbeteiligung akzeptieren.

Das Risiko des kollusiven Zusammenwirkens und das der unverhältnismäßigen finanziellen Überforderung der Organmitglieder könnte vermindert werden, wenn die von der Judikatur entwickelten Kriterien der Arbeitnehmerhaftung auf den Bereich der Organhaftung im Innenverhältnis übergetragen würden.[325] Das Bundesarbeitsgericht hat in seiner Grundsatzentscheidung die Grundsätze für die Haftung eines Arbeitnehmers für Schäden entwickelt, die er bei der Verrichtung gefahrgeneigter Arbeit fahrlässig verursacht hat. Demnach wird die Haftung des Arbeitnehmers nach dem Verschuldensgrad abgestuft: Bei grober Fahrlässigkeit hat der Arbeitnehmer grundsätzlich den Gesamtschaden zu tragen, bei leichtester Fahrlässigkeit haftet er dagegen nicht, während bei normaler Fahrlässigkeit der Schaden zwischen Arbeitgeber und Arbeitnehmer quotal zu verteilen ist. Dabei ist eine Abwägung zwischen den Gesamtumständen von Schadensanlass und Schadensfolgen nach den Grundsätzen der Billigkeit und Zumutbarkeit erforderlich.[326] Zu den Umständen, die je nach Einzelfall unterschiedlich gewichtet werden, gehören vor allem auch die Schadenshöhe und die Höhe des Arbeitsentgelts. Die Formulierung des Bundesarbeitsgerichts lautet: „Doch sind Haftungserleichterungen auch bei grober Fahrlässigkeit nicht ausgeschlossen, wenn der Verdienst des Arbeitnehmers in einem deutlichen Missverhältnis zum verwirklichten Schadensrisiko der

[325] Vgl. Schmitt, S. M. (2007), S. 182.
[326] BAG, Urteil vom 27.09.1994 (GS 1/89), BB 1994, S. 2205.

Tätigkeit steht."[327] Nur bei „besonders grober (gröbster) Fahrlässigkeit"[328] können Haftungserleichterungen im Einzelfall ausscheiden.[329]

Eine analoge Einzelfallbetrachtung des Grades des Verschuldens der Organmitglieder ist geboten, weil dabei die jeweilige Vergütung und das im Interesse des Anstellungsunternehmens übernommene Risiko in die Abwägung mit einbezogen werden.[330]

So könnte rechtlich betrachtet die Lücke in der Deckung der Organmitglieder in der Praxis durch die Rechtsprechung nivelliert werden. Dennoch erlaubt § 92 Abs. 1 S. 1 AktG eine solche Haftungsabstufung nicht. Deswegen ist eine gesetzliche Neufassung notwendig. Die Missbrauchsgefahr wird durch eine solche Regelung sachgerecht begrenzt, vor allem bei operativen Geschäften. Die verbleibende Deckungslücke kann durch eine analoge Anwendung der Grundsätze der beschränkten Arbeitnehmerhaftung auf die Organmitgliederhaftung interessengerecht geschlossen werden.[331]

Die Kosten der Verteidigung bei der Abwehr von unberechtigten Forderungen innerhalb der Innenhaftungsdeckung könnten aber durch die Versicherung weiterhin gedeckt sein und somit einen elementaren Bestandteil des Deckungsschutzes darstellen.[332]

## 6 Fazit

Die permanente Verschärfung der Haftung der Vorstände kann das Problem in der Wirtschaft offensichtlich nicht lösen. Die Anzahl der Verfehlungen der Vorstände ändert sich dadurch nicht. Es müssen vielmehr die Kontrollmechanismen in den Unternehmen weiter entwickelt oder nachgebessert werden. Die D&O-Versicherung war ursprünglich zwar sachgerecht, die Haftungsproblematik des Vorstands erfolgreich zu lösen, jedoch zwangen die versicherungstechnischen Maßnahmen und das Missbrauchsriko die Versicherungsgesellschaften dazu, die Deckung im Innenverhältnis durch verschiedene Klauseln zu begrenzen. Alle diese Klauseln bringen nur Nachteile für die Vorstände mit sich. Deswegen ist die D&O-Versicherung in jetziger Form mit allen möglichen Klauseln keine seriöse Lösung des Problems. Es ist daher nicht ganz unverständlich, dass öfter das Privatvermögen auf die nicht haftenden Ehepartner oder Familienmitglieder übertragen wird.

---

[327] BAG, Urteil vom 12.11.1998 (8 AZR 221/97), BB 1999, S. 535.
[328] BAG, Urteil vom 25.09.1997 (8 AZR 288/96), BB 1998, S. 749.
[329] Vgl. BAG, Urteil vom 25.09.1997 (8 AZR 288/96), BB 1998, S. 749.
[330] Vgl. Schmitt, S. M. (2007), S. 183.
[331] Vgl. Schmitt, S. M. (2007), S. 183 f.
[332] Vgl. Schmitt, S. M. (2007), S. 184.

# Anhang

**Unverbindliche Bekanntgabe des Gesamtverbandes der Deutschen Versicherungswirtschaft e.V. (GDV)**
**Zur fakultativen Verwendung. Abweichende Vereinbarungen sind möglich.**

## Allgemeine Versicherungsbedingungen für die Vermögensschaden-Haftpflichtversicherung von Aufsichtsräten, Vorständen und Geschäftsführern (AVB-AVG)

**Musterbedingungen des GDV**
(Stand: Januar 2008)

## 1 Gegenstand der Versicherung

1.1 Der Versicherer gewährt Versicherungsschutz für den Fall, dass ein gegenwärtiges oder ehemaliges Mitglied des Aufsichtsrates, des Vorstands oder der Geschäftsführung der Versicherungsnehmerin oder einer Tochtergesellschaft (versicherte Personen) wegen einer bei Ausübung dieser Tätigkeit begangenen Pflichtverletzung aufgrund gesetzlicher Haftpflichtbestimmungen privatrechtlichen Inhalts für einen Vermögensschaden von Dritten, also nicht von der Versicherungsnehmerin oder einer Tochtergesellschaft oder einer anderen versicherten Person auf Schadensersatz in Anspruch genommen wird.

Tochtergesellschaften sind Unternehmen i.S.v. §§ 290 Abs. 1, Abs. 2, 271 Abs. 1 HGB, bei denen der Versicherungsnehmerin die Leitung oder Kontrolle direkt oder indirekt zusteht, entweder durch

- die Mehrheit der Stimmrechte der Gesellschafter oder
- das Recht, die Mehrheit der Mitglieder des Aufsichts-, des Verwaltungsrats oder eines sonstigen Leitungsorgans zu bestellen oder abzuberufen und sie gleichzeitig Gesellschafter ist oder
- das Recht, einen beherrschenden Einfluss aufgrund eines mit diesem Unternehmen geschlossenen Beherrschungsvertrages oder aufgrund einer Satzungsbestimmung dieses Unternehmens auszuüben.

Dies gilt nicht für Personengesellschaften i.S.d. deutschen Rechts und vergleichbare Gesellschaftsformen nach ausländischem Recht.

Neuhinzukommende und neugegründete Tochtergesellschaften sind ab dem Zeitpunkt, zu dem der Erwerb oder die Gründung dem Versicherer angezeigt wird, vom Versicherungsschutz erfasst, soweit der Versicherer der Mitversicherung schriftlich zugestimmt hat.

Förmlich bestellte Mitglieder in den entsprechenden aufsichts- und geschäftsführenden Organen nach den Rechtsordnungen der Mitgliedstaaten der EU gelten ebenfalls als versicherte Personen.

Nicht versichert sind Angehörige der rechts-, steuer-, wirtschaftsberatenden und wirtschaftsprüfenden Berufe, soweit diese beratende, prüfende oder forensische Aufgaben wahrnehmen.

Vermögensschäden sind solche Schäden, die weder Personenschäden (Tötung, Verletzung des Körpers oder Schädigung der Gesundheit von Menschen) noch Sachschäden (Beschädigung, Verderben, Vernichtung oder Abhandenkommen von Sachen) sind noch sich aus solchen Schäden herleiten. Als Sachen gelten auch Geld und geldwerte Zeichen.

1.2 Sofern mit dem Versicherer besonders vereinbart, gilt zusätzlich:

Besteht eine Verpflichtung der Versicherungsnehmerin oder einer Tochtergesellschaft, versicherte Personen für den Fall, dass diese von Dritten im Sinne von Ziffer 1.1 Absatz 1 in dem in Ziffer 1.1 beschriebenen Umfang haftpflichtig gemacht werden, freizustellen (company reimbursement), so geht der Anspruch auf Versicherungsschutz aus diesem Vertrag in dem Umfang von den versicherten Personen auf die Versicherungsnehmerin oder ihre Tochtergesellschaft über, in welchem diese ihre Freistellungsverpflichtung erfüllt. Voraussetzung für den Übergang des Versicherungsschutzes ist, dass die Freistellungsverpflichtung nach Art und Umfang rechtlich zulässig ist.

1.3 Versicherungsschutz für Schadensersatzansprüche der Versicherungsnehmerin gegen versicherte Personen besteht unter der Voraussetzung, dass diese von der Hauptversammlung oder der Gesellschafterversammlung initiiert und auch gerichtlich geltend gemacht werden, es sei denn, der Versicherer verzichtet auf die Voraussetzung der gerichtlichen Geltendmachung. Für darüber hinausgehende Schadensersatzansprüche der Versicherungsnehmerin oder einer Tochtergesellschaft gegen versicherte Personen, die nicht unter Ziffer 1.3 Satz 1 gedeckt sind, besteht Abwehrkostenschutz im Sinne der Ziffer 4.1.

## 2 Versicherungsfall

Versicherungsfall ist die erstmalige Geltendmachung eines Haftpflichtanspruchs gegen eine versicherte Person während der Dauer des Versicherungsvertrages. Im Sinne dieses Vertrages ist ein Haftpflichtspruch geltend gemacht, wenn gegen eine versicherte Person ein Anspruch schriftlich erhoben wird oder ein Dritter der Versicherungsnehmerin, einer Tochtergesellschaft oder der versicherten Person schriftlich mitteilt, einen Anspruch gegen eine versicherte Person zu haben.

## 3 Zeitlicher Umfang des Versicherungsschutzes

### 3.1 Erfasste Pflichtverletzungen und Anspruchserhebungen (claims made)

Versicherungsschutz besteht für während der Dauer des Versicherungsvertrages eingetretene Versicherungsfälle wegen Pflichtverletzungen, welche während der Dauer des Versicherungsvertrages begangen wurden. Wird eine Pflichtverletzung durch fahrlässige Unterlassung verursacht, gilt sie im Zweifel als an dem Tag begangen, an welchem die versäumte Handlung spätestens hätte vorgenommen werden müssen, um den Eintritt des Schadens abzuwenden.

### 3.2 Rückwärtsversicherung für vorvertragliche Pflichtverletzungen

Durch besondere Vereinbarung kann im Falle des Wechsels des Versicherers der Versicherungsschutz bei Ansprüchen Dritter (nicht der Versicherungsnehmerin oder einer Tochtergesellschaft) erweitert werden auf Versicherungsfälle wegen Pflichtverletzungen, welche vor Beginn dieses Versicherungsvertrages begangen wurden. Dies gilt jedoch nicht für solche Pflichtverletzungen, welche eine versicherte Person, die Versicherungsnehmerin oder eine Tochtergesellschaft bei Abschluss dieses Versicherungsvertrages kannte oder hätte kennen müssen. Als bekannt gilt eine Pflichtverletzung, wenn sie von der Versicherungsnehmerin, einer

Tochtergesellschaft oder versicherten Personen als – wenn auch nur möglicherweise – objektiv fehlsam erkannt oder ihnen, wenn auch nur bedingt, als fehlsam bezeichnet worden ist, auch wenn Schadensersatzansprüche weder erhoben noch angedroht noch befürchtet worden sind.

3.3 Nachmeldefrist für Anspruchserhebungen nach Vertragsbeendigung

Wird der Versicherungsvertrag durch den Versicherer nicht oder nicht zu denselben Konditionen verlängert, so hat die Versicherungsnehmerin das Recht, innerhalb eines Monats nach Ablauf des Vertrages gegen Zahlung eines zusätzlichen Beitrages in Höhe von .......% des letzten Jahresbeitrages die Vereinbarung einer Nachmeldefrist von einem Jahr zu verlangen; dies gilt nicht für den Fall der Eröffnung des Insolvenzverfahrens über das Vermögen der Versicherungsnehmerin sowie in den Fällen der Vertragsbeendigung gem. Ziffer 9.2.

Die Nachmeldefrist gilt für Versicherungsfälle, welche dem Versicherer innerhalb der Nachmeldefrist gemeldet werden, soweit sie auf Pflichtverletzungen beruhen, die während der Dauer der Versicherung - oder, soweit vereinbart, während der Dauer der Rückwärtsversicherung – begangen wurden.

Das Recht der Versicherungsnehmerin, die Vereinbarung einer Nachmeldefrist zu verlangen, erlischt, wenn die Nachmeldefrist nicht innerhalb eines Monats nach Ablauf des Versicherungsvertrages schriftlich beim Versicherer beantragt wird oder wenn die Zahlung des zusätzlichen Beitrages für die Nachmeldefrist nicht unverzüglich geleistet wird.

Versicherungsschutz besteht für die gesamte Nachmeldefrist im Rahmen und nach Maßgabe der bei Ablauf des letzten Versicherungsjahres geltenden Vertragsbestimmungen und zwar in Höhe des unverbrauchten Teils der Deckungssumme des letzten Versicherungsjahres.

3.4 Insolvenz

Im Fall der Insolvenz der Versicherungsnehmerin oder eines Tochterunternehmens erstreckt sich die Deckung für die versicherten Personen des betroffenen Unternehmens nur auf Haftpflichtansprüche infolge von Pflichtverletzungen, welche bis zum Eintritt der Insolvenzreife begangen worden sind.

3.5 Vertragsdauer

Der Vertrag wird für den im Versicherungsschein genannten Zeitraum abgeschlossen. Eine Verlängerung des Vertragsverhältnisses bedarf einer ausdrücklichen Vereinbarung.

## 4 Sachlicher Umfang des Versicherungsschutzes

4.1 Der Versicherungsschutz umfasst die Prüfung der Haftpflichtfrage, die Abwehr unberechtigter Schadensersatzansprüche und die Freistellung der versicherten Personen von berechtigten Schadensersatzverpflichtungen.

Berechtigt sind Schadensersatzverpflichtungen dann, wenn die versicherten Personen aufgrund Gesetzes, rechtskräftigen Urteils, Anerkenntnisses oder Vergleiches zur Entschädigung verpflichtet sind und der Versicherer hierdurch gebunden ist. Anerkenntnisse und Vergleiche, die von den versicherten Personen ohne Zustimmung des Versicherers abgegeben oder geschlossen worden sind, binden den Versicherer nur, soweit der Anspruch auch ohne Anerkenntnis oder Vergleich bestanden hätte.

Ist die Schadensersatzverpflichtung der versicherten Personen mit bindender Wirkung für den Versicherer festgestellt, hat der Versicherer die versicherten Personen binnen zwei Wochen vom Anspruch des Dritten freizustellen.

4.2 Besteht eine mittelbare oder unmittelbare Kapitalbeteiligung der versicherten Personen, die eine Pflichtverletzung begangen haben bzw. von Angehörigen dieser versicherten Personen (als Angehörige gelten Ehegatten, Lebenspartner im Sinne des Lebenspartnerschaftsgesetzes oder vergleichbare Partnerschaften nach dem Recht anderer Staaten, Eltern und Kinder, Adoptiveltern und -kinder, Schwiegereltern und -kinder; Stiefeltern und -kinder, Großeltern und Enkel, Geschwister sowie Pflegeeltern und -kinder (Personen, die durch ein familienähnliches, auf längere Dauer angelegtes Verhältnis wie Eltern und Kinder miteinander verbunden sind) an der Versicherungsnehmerin bzw. einer vom Versicherungsschutz erfassten Tochtergesellschaft, so umfasst der Versicherungsschutz bei Ansprüchen der Versicherungsnehmerin bzw. einer vom Versicherungsschutz erfassten Tochtergesellschaft nicht den Teil des Schadensersatzanspruchs, welcher der Quote dieser Kapitalbeteiligung entspricht. Berücksichtigt wird die Quote der Kapitalbeteiligung im Zeitpunkt des Versicherungsfalles im Sinne der Ziffer 2 an der Gesellschaft, die Ansprüche geltend macht. Sofern zum Zeitpunkt der Pflichtverletzung im Sinne der Ziffer 3.1 eine höhere Kapitalbeteiligung bestand, so wird ausschließlich diese berücksichtigt.

4.3 Für den Umfang der Leistung des Versicherers ist die im Versicherungsschein angegebene Versicherungssumme der Höchstbetrag für jeden Versicherungsfall und für alle während eines Versicherungsjahres eingetretenen Versicherungsfälle zusammen. Kosten gemäß Ziffer 4.4 sind darin inbegriffen.

In jedem Versicherungsfall tragen die in Anspruch genommenen versicherten Personen den im Versicherungsschein aufgeführten Betrag selbst (Selbstbehalt). Im Falle der Ziffer 1.2 gilt statt des Selbstbehalts der versicherten Person der im Versicherungsschein aufgeführte Betrag für die Versicherungsnehmerin.

4.4 Kosten sind:

Anwalts-, Sachverständigen-, Zeugen- und Gerichtskosten, Aufwendungen zur Abwendung oder Minderung des Schadens bei oder nach Eintritt des Versicherungsfalles sowie Schadenermittlungskosten, auch Reisekosten, die dem Versicherer nicht selbst entstehen. Dies gilt auch dann, wenn diese Kosten auf Weisung des Versicherers entstanden sind.

4.5 Der Versicherer ist bevollmächtigt, alle ihm zur Abwicklung des Schadens oder Abwehr der Schadensersatzansprüche zweckmäßig erscheinenden Erklärungen im Namen der versicherten Personen abzugeben.

Kommt es in einem Versicherungsfall zu einem Rechtsstreit über Schadensersatzansprüche gegen versicherte Personen, ist der Versicherer zur Prozessführung bevollmächtigt. Er führt den Rechtsstreit im Namen der versicherten Personen.

Wird in einem Strafverfahren wegen einer Pflichtverletzung, die einen unter den Versicherungsschutz fallenden Haftpflichtanspruch zur Folge haben kann, die Bestellung eines Verteidigers für die versicherten Personen von dem Versicherer gewünscht oder genehmigt, so trägt der Versicherer die Kosten gemäß Rechtsanwaltsvergütungsgesetz, ggf. die mit ihm besonders vereinbarten höheren Kosten des Verteidigers.

Übersteigt der Streitwert die Versicherungssumme, so trägt der Versicherer nur die Kosten nach dem Streitwert in Höhe der Versicherungssumme.

4.6 Unabhängig von den einzelnen Versicherungsjahren gelten mehrere während der Wirksamkeit des Versicherungsvertrages geltend gemachte Ansprüche eines oder mehrerer Anspruchsteller

a. aufgrund einer Pflichtverletzung, welche durch eine oder mehrere versicherte Personen begangen wurde,
b. aufgrund mehrerer Pflichtverletzungen, welche durch eine oder mehrere versicherte Personen begangen wurden, sofern diese Pflichtverletzungen demselben Sachverhalt zuzuordnen sind und miteinander in rechtlichem, wirtschaftlichem oder zeitlichem Zusammenhang stehen, als ein Versicherungsfall.

Dieser gilt unabhängig von dem tatsächlichen Zeitpunkt der Geltendmachung der einzelnen Haftpflichtansprüche als in dem Zeitpunkt eingetreten, in dem der erste Haftpflichtanspruch geltend gemacht wurde. Liegt die erste Pflichtverletzung zeitlich vor Beginn des Versicherungsvertrages oder einer vereinbarten Rückwärtsversicherung, so gelten alle Pflichtverletzungen dieser Serie als nicht versichert.

4.7 Falls die vom Versicherer verlangte Erledigung eines Haftpflichtanspruches durch Anerkenntnis, Befriedigung oder Vergleich an dem Verhalten der Versicherungsnehmerin - außer in Versicherungsfällen gem. Ziff. 1.3 - oder einer versicherten Person scheitert oder falls der Versicherer seinen vertragsgemäßen Anteil zur Befriedigung des Geschädigten zur Verfügung stellt, so hat der Versicherer für den von der Weigerung bzw. der Zurverfügungstellung an entstehenden Mehraufwand an Hauptsache, Zinsen und Kosten nicht aufzukommen.

## 5 Ausschlüsse

Ausgeschlossen vom Versicherungsschutz sind Haftpflichtansprüche

5.1 wegen vorsätzlicher Schadenverursachung oder durch wissentliches Abweichen von Gesetz, Vorschrift, Beschluss, Vollmacht oder Weisung oder durch sonstige wissentliche Pflichtverletzung. Im Falle der Rückwärtsversicherung gemäß Ziffer 3.2 werden diese Pflichtverletzungen einer versicherten Person gemäß Satz 1 allen anderen versicherten Personen zugerechnet; dies gilt nicht für Pflichtverletzungen, welche nach Beginn des Vertrages ohne ihr Wissen von anderen versicherten Personen begangen wurden;

5.2 wegen Rückzahlung oder Rückgabe von Bezügen, Tantiemen oder sonstigen Vorteilen, welche die versicherten Personen aus der versicherten Tätigkeit oder mit Rücksicht auf diese erhalten haben;

5.3 wegen Schäden durch von der Versicherungsnehmerin oder einer Tochtergesellschaft in den Verkehr gebrachte Produkte, Arbeiten oder sonstige Leistungen;

5.4 wegen Schäden durch Umwelteinwirkungen und alle sich daraus ergebenden weiteren Schäden;

5.5

- welche vor Gerichten außerhalb der EU geltend gemacht werden – dies gilt auch im Falle der Vollstreckung von Urteilen, die außerhalb der EU gefällt wurden -;
- wegen Verletzung oder Nichtbeachtung des Rechts von Staaten, die nicht der EU angehören;
- wegen einer außerhalb der EU vorgenommenen Tätigkeit;

5.6 Pflichtverletzungen im Zusammenhang mit sog. „Insider-Regeln";

5.7 aus Pflichtverletzungen bei einer anderen als der versicherten Tätigkeit (z.B. Tätigkeit bei einem anderen Unternehmen oder freiberufliche Tätigkeit);

5.8 von versicherten Personen untereinander oder von Angehörigen der versicherten Personen i.S.d. Ziff. 4.2;

5.9 sich daraus ergeben oder damit im Zusammenhang stehen, dass Versicherungsleistungen oder Versicherungen nicht oder unzureichend wahrgenommen, abgeschlossen oder fortgeführt werden;

5.10 wegen Beleidigung, übler Nachrede, Geschäftsschädigung oder unlauteren Wettbewerbs oder Wettbewerbsbeschränkungen sowie aus der Verletzung von Berufsgeheimnissen, Urheber-, Patent-, Warenzeichen-, Geschmacksmuster und vergleichbaren Immaterialgüterrechten;

5.11 wegen Vertragsstrafen, Kautionen, Bußgeldern und Entschädigungen mit Strafcharakter (punitive und exemplary damages);

5.12 der Versicherungsnehmerin, einer Tochtergesellschaft oder einer verbundenen Gesellschaft, deren Vermögensschaden bei einer anderen Gesellschaft dieses Konzerns zu einem Vermögensvorteil geführt hat, in Höhe des Vermögensvorteils;

5.13 im Zusammenhang mit Bestechungen, Schenkungen, Spenden oder ähnlichen Zuwendungen;

5.14 wegen Schäden aus Spekulationsgeschäften, soweit diese nicht innerhalb eines ordnungsgemäßen Geschäftsgangs erforderlich und üblich sind (z.B. Kurssicherungsgeschäfte);

5.15 wegen Schäden der Versicherungsnehmerin oder einer Tochtergesellschaft durch Einbußen bei Darlehen und Krediten. Dies gilt nicht, soweit die Einbußen verursacht sind durch Pflichtverletzungen bei der Rechtsverfolgung;

5.16 wegen Schäden aus Anfeindung, Schikane, Belästigung, Ungleichbehandlung oder sonstigen Diskriminierungen;

5.17 wegen Schäden, die direkt oder indirekt auf Asbest, asbesthaltige Substanzen oder Erzeugnisse zurückzuführen sind oder mit diesen im Zusammenhang stehen;

5.18 die im Zusammenhang mit Forderungen, Klagen, Verwaltungsakten, Ermittlungsverfahren, Untersuchungen, Urteilen, sonstigen Vollstreckungstiteln oder den diesen zugrunde liegenden Sachverhalten stehen, die bereits vor oder zu Beginn des Vertrages gegen eine versicherte Person oder die Versicherungsnehmerin oder ein mitversichertes Unternehmen gerichtet waren.

## 6 Anderweitige Versicherungen

Besteht für einen unter diesem Versicherungsvertrag geltend gemachten Schaden auch unter einem anderen Versicherungsvertrag Versicherungsschutz, so sind Versicherungsnehmerin und versicherte Personen verpflichtet, den Schaden zunächst unter dem anderweitigen Versicherungsvertrag geltend zu machen. Die Leistungspflicht des Versicherers unter diesem Vertrag besteht nur, wenn und insoweit der anderweitige Versicherer für den Schaden nicht leistet. Kommt es zu einer Leistung aus diesem Versicherungsvertrag, weil der Versicherer des anderweitigen Versicherungsvertrages seine Leistungspflicht gegenüber der Versicherungsnehmerin oder einer versicherten Person bestreitet, so sind diese verpflichtet, etwaige Ansprüche aus dem anderweitigen Versicherungsvertrag an den Versicherer dieses Vertrages abzutreten.

Sofern die Versicherungsnehmerin oder eine versicherte Person das durch diesen Versicherungsvertrag versicherte Risiko auch anderweitig versichert (Doppelversicherung, Anschlussversicherung), ist dies dem Versicherer unverzüglich anzuzeigen.

## 7 Anzeigepflichten, Gefahrerhöhung, andere Obliegenheiten

### 7.1 Vorvertragliche Anzeigepflichten

7.1.1 Vollständigkeit und Richtigkeit von Angaben über gefahrerhebliche Umstände

Die Versicherungsnehmerin hat bis zur Abgabe ihrer Vertragserklärung dem Versicherer alle ihr bekannten Gefahrumstände anzuzeigen, nach denen der Versicherer in Textform gefragt hat und die für den Entschluss des Versicherers erheblich sind, den Vertrag mit dem vereinbarten Inhalt zu schließen. Die Versicherungsnehmerin ist auch insoweit zur Anzeige verpflichtet, als nach ihrer Vertragserklärung, aber vor Vertragsannahme der Versicherer Fragen im Sinne des Satzes 1 stellt. Gefahrerheblich sind die Umstände, die geeignet sind, auf den Entschluss des Versicherers Einfluss auszuüben, den Vertrag überhaupt oder mit dem vereinbarten Inhalt abzuschließen.

Wird der Vertrag von einem Vertreter der Versicherungsnehmerin geschlossen und kennt dieser den gefahrerheblichen Umstand, muss sich die Versicherungsnehmerin so behandeln lassen, als habe sie selbst davon Kenntnis gehabt oder dies arglistig verschwiegen.

### 7.1.2 Rücktritt

Unvollständige oder unrichtige Angaben zu den gefahrerheblichen Umständen berechtigen den Versicherer, vom Versicherungsvertrag zurückzutreten.

Der Versicherer hat kein Rücktrittsrecht, wenn die Versicherungsnehmerin nachweist, dass sie oder ihr Vertreter die unrichtigen oder unvollständigen Angaben weder vorsätzlich noch grob fahrlässig gemacht hat.

Das Rücktrittsrecht des Versicherers wegen grob fahrlässiger Verletzung der Anzeigepflicht besteht nicht, wenn die Versicherungsnehmerin nachweist, dass der Versicherer den Vertrag auch bei Kenntnis der nicht angezeigten Umstände, wenn auch zu anderen Bedingungen, geschlossen hätte.

Im Fall des Rücktritts besteht kein Versicherungsschutz.

Tritt der Versicherer nach Eintritt des Versicherungsfalls zurück, darf er den Versicherungsschutz nicht versagen, wenn die Versicherungsnehmerin nachweist, dass der unvollständig oder unrichtig angezeigte Umstand weder für den Eintritt des Versicherungsfalls noch für die Feststellung oder den Umfang der Leistung ursächlich war. Auch in diesem Fall besteht aber kein Versicherungsschutz, wenn die Versicherungsnehmerin die Anzeigepflicht arglistig verletzt hat. Dem Versicherer steht der Teil des Beitrages zu, der der bis zum Wirksamwerden der Rücktrittserklärung abgelaufenen Vertragszeit entspricht.

### 7.1.3 Beitragsänderung oder Kündigungsrecht

Ist das Rücktrittsrecht des Versicherers ausgeschlossen, weil die Verletzung einer Anzeigepflicht weder auf Vorsatz noch auf grober Fahrlässigkeit beruhte, kann der Versicherer den Vertrag unter Einhaltung einer Frist von einem Monat kündigen.

Das Kündigungsrecht ist ausgeschlossen, wenn die Versicherungsnehmerin nachweist, dass der Versicherer den Vertrag auch bei Kenntnis der nicht angezeigten Umstände, wenn auch zu anderen Bedingungen, geschlossen hätte.

Kann der Versicherer nicht zurücktreten oder kündigen, weil er den Vertrag auch bei Kenntnis der nicht angezeigten Umstände, aber zu anderen Bedingungen, geschlossen hätte, werden die anderen Bedingungen auf Verlangen des Versicherers rückwirkend Vertragsbestandteil. Hat die Versicherungsnehmerin die Pflichtverletzung nicht zu vertreten, werden die anderen Bedingungen ab der laufenden Versicherungsperiode Vertragsbestandteil.

Erhöht sich durch die Vertragsanpassung der Beitrag um mehr als 10% oder schließt der Versicherer die Risikoübernahme für den nicht angezeigten Umstand aus, kann die Versicherungsnehmerin den Vertrag innerhalb eines Monats nach Zugang der Mitteilung des Versicherers fristlos kündigen.

Der Versicherer muss die ihm nach Ziffer 7.1.2 und 7.1.3 zustehenden Rechte innerhalb eines Monats schriftlich geltend machen. Die Frist beginnt mit dem Zeitpunkt, zu dem er von der Verletzung der Anzeigepflicht, die das von ihm geltend gemachte Recht begründet, Kenntnis erlangt. Er hat die Umstände anzugeben, auf die er seine Erklärung stützt; er darf nachträglich weitere Umstände zur Begründung seiner Erklärung abgeben, wenn für diese die Monatsfrist nicht verstrichen ist.

Dem Versicherer stehen die Rechte nach Ziffer 7.1.2 und 7.1.3 nur zu, wenn er die Versicherungsnehmerin durch gesonderte Mitteilung in Textform auf die Folgen einer Anzeigepflichtverletzung hingewiesen hat.

Der Versicherer kann sich auf die in den Ziffern 7.1.2 und 7.1.3 genannten Rechte nicht berufen, wenn er den nicht angezeigten Gefahrumstand oder die Unrichtigkeit der Anzeige kannte.

## 7.2 Gefahrerhöhung

### 7.2.1 Anzeigepflicht

Erkennt die Versicherungsnehmerin nachträglich, dass sie eine Gefahrerhöhung vorgenommen oder gestattet hat, hat sie die Gefahrerhöhung dem Versicherer auf Befragen unverzüglich anzuzeigen.

Tritt nach Abgabe der Vertragserklärung der Versicherungsnehmerin eine Gefahrerhöhung unabhängig von ihrem Willen ein, hat sie die Gefahrerhöhung, nachdem sie von ihr Kenntnis erlangt hat, dem Versicherer auf Befragen unverzüglich anzuzeigen.

### 7.2.2 Kündigung

In den Fällen einer Gefahrerhöhung nach Ziffer 7.2.1 kann der Versicherer den Vertrag unter Einhaltung einer Frist von einem Monat kündigen, und zwar auch dann, wenn die Voraussetzungen für die Kündigung nur bei einem Teil der versicherten Personen oder Tochterunternehmen erfüllt sind.

Das Kündigungsrecht erlischt, wenn es nicht innerhalb eines Monats ab der Kenntnis des Versicherers von der Erhöhung der Gefahr ausgeübt wird oder wenn der Zustand wiederhergestellt ist, der vor der Gefahrerhöhung bestanden hat.

### 7.2.3 Prämienerhöhung

Der Versicherer kann an Stelle einer Kündigung ab dem Zeitpunkt der Gefahrerhöhung eine seinen Geschäftsgrundsätzen für diese höhere Gefahr entsprechende Prämie verlangen oder die Absicherung der höheren Gefahr ausschließen. Für das Erlöschen dieses Rechtes gilt Ziffer 7.2.2 Abs.2 entsprechend.

Erhöht sich die Prämie als Folge der Gefahrerhöhung um mehr als 10 Prozent oder schließt der Versicherer die Absicherung der höheren Gefahr aus, kann die Versicherungsnehmerin den Vertrag innerhalb eines Monats nach Zugang der Mitteilung des Versicherers ohne Einhaltung einer Frist kündigen. Der Versicherer hat die Versicherungsnehmerin in der Mitteilung auf dieses Recht hinzuweisen.

7.2.4 Leistungsfreiheit

In den Fällen einer Gefahrerhöhung nach Ziffer 7.2.1 Abs.1 und 2 ist der Versicherer nicht zur Leistung verpflichtet, wenn der Versicherungsfall später als einen Monat nach dem Zeitpunkt eintritt, zu dem die Anzeige dem Versicherer hätte zugehen müssen, es sei denn, dem Versicherer war die Gefahrerhöhung zu diesem Zeitpunkt bekannt. Er ist zur Leistung verpflichtet, wenn die Verletzung der Anzeigepflicht nach Ziffer 7.2.1 Abs.1 und 2 nicht auf Vorsatz beruht; im Fall einer grob fahrlässigen Verletzung ist der Versicherer berechtigt, seine Leistung in einem der Schwere des Verschuldens der Versicherungsnehmerin entsprechenden Verhältnis zu kürzen; die Beweislast für das Nichtvorliegen einer groben Fahrlässigkeit trägt die Versicherungsnehmerin.

Abweichend von Abs.1 Satz 1 ist der Versicherer zur Leistung verpflichtet,

1. soweit die Gefahrerhöhung nicht ursächlich für den Eintritt des Versicherungsfalles oder den Umfang der Leistungspflicht war, oder
2. wenn zur Zeit des Eintrittes des Versicherungsfalles die Frist für die Kündigung des Versicherers abgelaufen und eine Kündigung nicht erfolgt war.

7.2.5 Unerhebliche Gefahrerhöhung

Die Ziffern 7.2.1 bis 7.2.4 sind nicht anzuwenden, wenn nur eine unerhebliche Erhöhung der Gefahr vorliegt oder wenn nach den Umständen als vereinbart anzusehen ist, dass die Gefahrerhöhung mitversichert sein soll.

## 7.3 Obliegenheiten der Versicherungsnehmerin

7.3.1 Obliegenheiten vor Eintritt des Versicherungsfalles

Besonders gefahrdrohende Umstände hat die Versicherungsnehmerin auf Verlangen des Versicherers innerhalb angemessener Frist zu beseitigen. Dies gilt nicht, soweit die Beseitigung unter Abwägung der beiderseitigen Interessen unzumutbar ist. Ein Umstand, der zu einem Schaden geführt hat, gilt ohne weiteres als besonders gefahrdrohend.

7.3.2 Obliegenheiten nach Eintritt des Versicherungsfalles

7.3.2.1 Jeder Versicherungsfall ist dem Versicherer unverzüglich anzuzeigen. Dieses soll in Textform erfolgen.

Wird ein Ermittlungsverfahren eingeleitet, ein selbständiges Beweisverfahren angeordnet oder ergeht ein Strafbefehl oder Bescheid, der den Ersatz eines Vermögensschadens zum Gegenstand hat oder zur Folge haben könnte, so hat die Versicherungsnehmerin oder die versicherte Person dem Versicherer unverzüglich Anzeige zu erstatten, auch wenn der Versicherungsfall selbst bereits angezeigt wurde.

Wird gegen eine versicherte Person ein Anspruch gerichtlich geltend gemacht, Prozesskostenhilfe beantragt oder gegen diese gerichtlich der Streit verkündet, so ist dies ebenfalls unverzüglich anzuzeigen. Das gleiche gilt im Falle eines Arrestes oder einer einstweiligen Verfügung. Gegen einen Mahnbescheid muss die versicherte Person fristgemäß Widerspruch einlegen, ohne dass es einer Weisung des Versicherers bedarf.

7.3.2.2 Die Versicherungsnehmerin und die versicherten Personen müssen im Rahmen ihrer Möglichkeiten für die Abwendung und Minderung des Schadens sorgen. Weisungen des Versicherers sind dabei zu befolgen, soweit es für die Versicherungsnehmerin zumutbar ist. Sie haben dem Versicherer ausführliche und wahrheitsgemäße Schadenberichte zu erstellen und ihn bei der Schadenermittlung und -regulierung zu unterstützen. Alle Umstände, die nach Ansicht des Versicherers für die Bearbeitung des Schadens wichtig sind, müssen mitgeteilt sowie alle dafür angeforderten Informationen in Textform zur Verfügung gestellt werden.

## 8 Rechtsfolgen bei Verletzung von Obliegenheiten

8.1 Verletzt die Versicherungsnehmerin eine Obliegenheit aus diesem Vertrag, die sie vor Eintritt des Versicherungsfalles zu erfüllen hat, kann der Versicherer den Vertrag innerhalb eines Monats ab Kenntnis von der Obliegenheitsverletzung fristlos kündigen. Der Versicherer hat kein Kündigungsrecht, wenn die Versicherungsnehmerin nachweist, dass die Obliegenheitsverletzung weder auf Vorsatz noch auf grober Fahrlässigkeit beruhte.

8.2 Wird eine Obliegenheit aus diesem Vertrag vorsätzlich verletzt, verliert die Versicherungsnehmerin ihren Versicherungsschutz. Bei grob fahrlässiger Verletzung einer Obliegenheit ist der Versicherer berechtigt, seine Leistung in einem der Schwere des Verschuldens der Versicherungsnehmerin entsprechenden Verhältnis zu kürzen. Weist die Versicherungsnehmerin nach, dass sie die Obliegenheit nicht grob fahrlässig verletzt hat, bleibt der Versicherungsschutz bestehen.

Der Versicherungsschutz bleibt auch bestehen, wenn die Versicherungsnehmerin nachweist, dass die Verletzung der Obliegenheit weder für den Eintritt oder die Feststellung des Versicherungsfalls noch für die Feststellung oder den Umfang der dem Versicherer obliegenden Leistung ursächlich war. Das gilt nicht, wenn die Versicherungsnehmerin die Obliegenheit arglistig verletzt hat.

Die vorstehenden Bestimmungen gelten unabhängig davon, ob der der Versicherer ein ihm nach Ziffer 8.1 zustehendes Kündigungsrecht ausübt.

8.3 Die Anzeigepflichten und Obliegenheiten gelten sinngemäß für die versicherten Personen.

**9 Kündigung, Erlöschen des Vertrages**

9.1 Hat der Versicherer nach dem Eintritt des Versicherungsfalles den Anspruch der versicherten Person auf Freistellung anerkannt oder zu Unrecht abgelehnt, kann jede Vertragspartei das Versicherungsverhältnis kündigen. Dies gilt auch, wenn der Versicherer der versicherten Person die Weisung erteilt, es zum Rechtsstreit über den Anspruch kommen zu lassen.

Die Kündigung ist nur innerhalb eines Monats seit der Anerkennung oder Ablehnung des Freistellungsanspruchs oder seit der Rechtskraft des im Rechtsstreit mit dem Dritten ergangenen Urteils zulässig. § 92 Abs.2 Satz 2 und 3 VVG ist anzuwenden.

9.2 Wird die Versicherungsnehmerin selbst freiwillig liquidiert oder neu beherrscht, erlischt der Versicherungsschutz mit Abschluss der Liquidation oder mit Beginn des neuen Beherrschungsverhältnisses automatisch.

## 10 Versicherung für fremde Rechnung, Abtretung des Versicherungsanspruches

10.1 Die Ausübung der Rechte aus dem Versicherungsvertrag steht ausschließlich den versicherten Personen zu; dies gilt nicht in den Fällen der Ziffer 1.2.

10.2 Der Freistellungsanspruch darf vor seiner endgültigen Feststellung ohne Zustimmung des Versicherers weder abgetreten noch verpfändet werden. Eine Abtretung an den geschädigten Dritten ist zulässig.

10.3 Rückgriffsansprüche der versicherten Personen und deren Ansprüche auf Kostenersatz, auf Rückgabe hinterlegter und auf Rückerstattung bezahlter Beträge sowie auf Abtretung gem. § 255 BGB gehen in Höhe der vom Versicherer geleisteten Zahlung ohne weiteres auf diesen über. Der Versicherer kann die Ausstellung einer den Forderungsübergang nachweisenden Urkunde verlangen.

10.4 Hat eine versicherte Person auf einen Anspruch gem. Ziffer 10.3 oder ein zu dessen Sicherung dienendes Recht verzichtet, bleibt der Versicherer dieser gegenüber nur insoweit verpflichtet, als die versicherte Person nachweist, dass die Verfolgung des Anspruchs ergebnislos geblieben wäre.

## 11 Risikoinformationen

Darüber hinaus bleibt es dem Versicherer unbenommen, weitere Risikoinformationen zu verlangen.

## 12 Beitrag

12.1 Der Beitrag wird unverzüglich nach Ablauf von zwei Wochen nach Zugang des Versicherungsscheins fällig.

12.2 Zahlt die Versicherungsnehmerin den Beitrag nicht rechtzeitig, ist der Versicherer von der Verpflichtung zur Leistung frei, es sei denn, die Versicherungsnehmerin hat die Nichtzahlung nicht zu vertreten. Für Versicherungsfälle, die bis zur Zahlung des Beitrags eintreten, ist der Versicherer nur dann nicht zur Leistung verpflichtet, wenn er die Versicherungsnehmerin durch gesonderte Mitteilung in Textform oder durch einen auffälligen Hinweis im Versicherungsschein auf diese Rechtsfolge hingewiesen hat.

12.3 Zahlt die Versicherungsnehmerin den Beitrag nicht rechtzeitig, kann der Versicherer vom Vertrag zurücktreten, solange der Beitrag nicht gezahlt ist, es sei denn, die Versicherungsnehmerin hat die Nichtzahlung nicht zu vertreten.

12.4 Endet das Versicherungsverhältnis vor Ablauf der Vertragszeit oder wird es nach Beginn der Versicherung rückwirkend aufgehoben oder ist es von Anfang an nichtig, gebührt dem Versicherer Beitrag oder Geschäftsgebühr nach Maßgabe der gesetzlichen Bestimmungen (z.B. §§ 39 und 80 VVG).

## 13 Gerichtsstand und anzuwendendes Recht

13.1 Für diesen Vertrag gilt ausschließlich deutsches Recht.

13.2 Gerichtsstand für alle Rechtsstreitigkeiten aus dem Versicherungsvertrag ist der Sitz des Versicherers oder seiner für den Versicherungsvertrag zuständigen Niederlassung. Diese Gerichtsstandsvereinbarung gilt ausdrücklich auch dann, wenn die Versicherungsnehmerin oder eine versicherte Person ihren (Wohn-)Sitz im Ausland hat.

# Literaturverzeichnis

**Allianz (2008):**

Allgemeine Versicherungsbedingungen zur Vermögensschaden-Haftpflichtversicherung für Organe juristischer Personen - AVB-O, HV 40/08.

**Baars, H.-H. (2006):**

Risikomanagement von Versicherungsunternehmen im dynamischen Umfeld: Strategien in Finanzdienstleistungsnetzen, Hamburg.

**Bak, J. (2003):**

Aktienrecht zwischen Markt und Staat: eine ökonomische Kritik des Prinzips der Satzungsstrenge, Wiesbaden.

**Barzen, C. / Brachmann, H. / Braun, M.-P. (2003):**

D&O-Versicherung für Kapitalgesellschaften, Karlsruhe.

**Bechert, J. (1996):**

Director´s and Officers-Versicherung in Deutschland, in: Zeitschrift für Versicherungswesen, 47. Jg., Heft 18, S. 479-482.

**Becker, T. (2005):**

Die Haftung für den deutschen Corporate Governance Kodex, Baden-Baden.

**Beckmann, R. M. (2004):**

Einschränkungen der Innenhaftungsdeckung bei der D&O-Versicherung, in: Bork, R. / Hoeren T. / Pohlmann, P. (Hrsg.), Recht und Risiko: Festschrift für Helmut Kollhosser zum 70. Geburtstag, Bd. I, Karlsruhe, S. 25-38.

**Beckmann, R. M. / Matusche-Beckmann, A. (2004):**

Versicherungsrechts-Handbuch, München.

**Beier-Thomas, A. (2003):**
D&O-Versicherung in der Krise? - Beobachtungen zum derzeitigen Marktgeschehen -, in: Versicherungspraxis, 93. Jg., Heft 11, S. 214-220.

**Bitz, H. (2000):**
Risikomanagement nach KonTraG. Einrichtung von Frühwarnsystemen zur Effizienzsteigerung und zur Vermeidung persönlicher Haftung, Stuttgart.

**Black, H. C. (Hrsg.) (1999):**
Black's law dictionary, 7. ed., St. Paul.

**Böcking, H.-J. / Orth, C. (1998):**
Neue Vorschriften zur Rechnungslegung und Prüfung durch das KonTraG und das KapAEG, in: Der Betrieb, Bd. 51, Heft 25, S. 1241-1249.

**Bocquel, E. (2007):**
Chef in der Haftung, URL:
http://www.visavis.de/modules.php?name=News&file=print&sid=9911
[Stand 05.10.2008].

**Bundesministerium der Justiz (Hrsg.) (2008):**
Aktueller Stand des Gesetzgebungsverfahrens, URL:
http://www.bmj.bund.de/enid/87da0ee9a66a503866aa042d91b9fe4e,0/Die_GmbH-Reform/Stand_des_Gesetzgebungsverfahrens_1ff.html [Stand 05.10.2008].

**Bürgers, T. / Israel, A. (2008):**
§ 93, in: Bürgers, T. / Körber, T. (Hrsg.), Heidelberger Kommentar zum Aktiengesetz, Heidelberg, S. 593-638.

**Dahnz, W. / Grimminger C. (2007):**
Manager und Berufsrisiko. Die zivil- und strafrechtliche Haftung von Aufsichtsräten, Vorständen und Geschäftsführern, 3. Aufl., Hamburg.

**Dreher, M. (2005):**

Die Rechtsnatur der D&O-Versicherung, in: Der Betrieb, 58. Jg., Heft 31, S. 1669-1675.

**Entwurf eines Gesetzes zur Kontrolle und Transparenz im Unternehmensbereich (1997):**

Vom 25. Dezember 1997 (Bundestags-Drucksache 13/9712).

**Entwurf eines Gesetzes zur Modernisierung des GmbH-Rechts und zur Bekämpfung von Missbräuchen (2007):**

Vom 25. Juli 2007 (Bundestags-Drucksache 16/6140).

**Ernst, C. / Seibert, U. / Stuckert, F. (1998):**

KonTraG, KapAEG, StückAG, EuroEG: (Gesellschafts- und Bilanzrecht); Textausgabe mit Begründungen der Regierungsentwürfe, Stellungnahmen des Bundesrates mit Gegenäußerungen der Bundesregierung, Berichten des Rechtsausschusses des Deutschen Bundestages, Düsseldorf.

**Fiala, J. / Stenger, P. (Hrsg.) / Leuschner, S. et al. (2005):**

Geldanlagen für Stiftungen und Stifter: Grundlagen, Instrumente, Optimierung, Köln.

**Fleck, H.-J. (1991):**

Vertrag, unerlaubte Eigengeschäftsführung und Anspruchsverjährung, in: Zeitschrift für Wirtschaftsrecht, Bd. 12, Heft 19, S. 1269-1274.

**Fleischer, H. (2002):**

Das Vierte Finanzmarktförderungsgesetz, in: Neue juristische Wochenschrift, 55. Jg., Heft 41, S. 2977-2983.

**Fleischer, H. (2003):**

Zur Leitungsaufgabe des Vorstands im Aktienrecht, in: Zeitschrift für Wirtschaftsrecht, Bd. 24, Heft 1, S. 1-11.

**Fleischer, H. (2006):**
§ 11, in: Fleischer, H. (Hrsg.) / Ekkenga, J. / Fuchs, A., et al., Handbuch des Vorstandsrechts, München, S. 329-366.

**Friedrich, M. A. (2002):**
D-&-O-Liability: Die Haftung des Managements nach deutschem und US-amerikanischem Recht, Karlsruhe.

**GDV (2002):**
GfK Studie 2002 Versicherungsbetrug, URL: http://www.gdv.de/Downloads/Veranstaltungen_2003/Grafiken-Versicherungsbetrug.pdf [Stand 05.10.2008].

**GDV (2008):**
Allgemeine Versicherungsbedingungen für die Vermögensschaden- Haftpflichtversicherung von Aufsichtsräten, Vorständen und Geschäftsführern (AVB-AVG), Stand: Januar 2008, S. 1-9.

**Gesetz zur Kontrolle und Transparenz im Unternehmensbereich (1998):**
Vom 27. April 1998 (BGBl. I S. 786) ausgegeben zu Bonn am 30. April 1998.

**Gesetz zur Umsetzung europäischer Richtlinien zur Verwirklichung des Grundsatzes der Gleichbehandlung (2006):**
Vom 14. August 2006 (BGBl. I S. 1897) ausgegeben zu Bonn am 17. August 2006.

**Gesetz zur Unternehmensintegrität und Modernisierung des Anfechtungsrechts (2005):**
Vom 22. September 2005 (BGBl. I S. 2802) ausgegeben zu Bonn am 27. September 2005.

**Gesetz zur weiteren Fortentwicklung des Finanzplatzes Deutschland (2002):**
Vom 21. Juni 2002 (BGBl. I S. 2010) ausgegeben zu Bonn am 26. Juni 2002.

**Gesetz zur weiteren Reform des Aktien- und Bilanzrechts, zu Transparenz und Publizität (2002):**
Vom 19. Juli 2002 (BGBl. I S. 2681) ausgegeben zu Bonn am 25. Juli 2002.

**Habersack, M. (1999):**
§ 92, in: Gadow, W. / Heinichen, E. (Bgr.) / Hopt, K. J. / Wiedemann, H. (Hrsg.), AktG: Großkommentar, 4. Aufl., 11. Lieferung: §§ 92 - 94, Berlin, New York, S. 1-50.

**HDI-Gerling (2005):**
Allgemeine Bedingungen für die Vermögensschaden-Haftpflichtversicherung von Organpersonen / Mittelstand (AVB-VHO 05 Mittelstand Spezial).

**Heimbach, H.-J. / Boll, L. (2001):**
Führungsaufgabe und persönliche Haftung der Vorstandsmitglieder und des Vorstandsvorsitzenden im ressortaufgeteilten Vorstand einer AG, in: Versicherungsrecht, 52. Jg., Heft 19, S. 801-809.

**Heitmann, L. (1999):**
Neueste Entwicklungen der Managerhaftung und die D&O-Versicherung: Dargestellt anhand ausgewählter Beispiele aus Gesetzgebung und Rechtsprechung, in: Versicherungswirtschaft, 54. Jg., Heft 15, S. 1076-1081.

**Held, F. M. (2006):**
33. Kapitel, in: Halm, W. / Engelbrecht, A. / Krahe, F. (Hrsg.), Handbuch des Fachanwalts Versicherungsrecht, 2. Aufl., Neuwied, S. 1849-1879.

**Hendricks, M. (2003):**
In der D&O-Versicherung gehen fortan die Uhren ganz anders, in: Versicherungswirtschaft, Bd. 58, Heft 3, S. 164-167.

**Henn, G. (2002):**
Handbuch des Aktienrechts, 7. Aufl., Heidelberg.

**Hoffmann-Becking, M. (1998):**

Zur rechtlichen Organisation der Zusammenarbeit im Vorstand der AG, in: Zeitschrift für Unternehmens- und Gesellschaftsrecht, Bd. 27, Heft 3, S. 497-519.

**Hoffmann, D. / Liebs, R. (2000):**

Der GmbH-Geschäftsführer: Handbuch für die Praxis des Unternehmers und Managers, 2. Aufl., München.

**Hölscher, L. / Nestler, A. / Otto, R. (2007):**

Handbuch Financial Due Diligence: professionelle Analyse deutscher Unternehmen bei Unternehmenskäufen, Weinheim.

**Hopt, K. J. (1999):**

§ 93, in: Gadow, W. / Heinichen, E. (Bgr.) / Hopt, K. J. / Wiedemann, H. (Hrsg.), AktG: Großkommentar, 4. Aufl., 11. Lieferung: §§ 92-94, Berlin, New York, S. 51-230.

**Hübner, U. (1992):**

Managerhaftung: Rechtsgrundlagen und Risikopotentiale einer persönlichen Inanspruchnahme der Unternehmensleiter von Kapitalgesellschaften, München.

**Hüffer, U. (2008):**

Aktiengesetz, 8. Aufl., München.

**Ihlas, H. (1997):**

Organhaftung und Haftpflichtversicherung, Berlin.

**Ihlas, H. (2007):**

Regulierung von D&O-Schäden: Vertrauliche Öffentlichkeitsarbeit?, in: Versicherungswirtschaft, Bd. 62, Heft 9, S. 660-665.

**Ihlas, H. / Stute, K. (2003):**

D&O-Versicherung für das Innenverhältnis dargestellt an Ziffer 1.3 der AVB AVG des unverbindlichen GDV-Modells, in: Haftpflicht international, Recht und Versicherung, Beilage zu PHi 4/2003, S. 1-33.

**Kästner, K. (2000):**

Aktienrechtliche Probleme der D&O-Versicherung, in: Die Aktiengesellschaft, Bd. 45, Heft 3, S. 113-122.

**Kort, M. (2003):**

§ 76, in: Gadow, W. / Heinichen, E. (Bgr.) / Hopt, K. J. / Wiedemann, H. (Hrsg.), AktG: Großkommentar, 4. Aufl., 19. Lieferung: §§ 76-83, Berlin, S. 1-168.

**Krieger, G. (2007):**

§ 3, in: Krieger, G. / Schneider U. H. (Hrsg.), Handbuch Managerhaftung; Risikobereiche und Haftungsfolgen für Vorstand, Geschäftsführer, Aufsichtsrat, Köln, S. 39-64.

**Krieger, G. / Sailer, V. (2008):**

§ 93, in Schmidt, K. / Lutter, M. (Hrsg.), Aktiengesetz, Kommentar, I. Bd., §§ 1-149, Köln, S. 1055-1083.

**Kuhl, K. / Nickel, J.-P. (1999):**

Risikomanagement im Unternehmen – Stellt das KonTraG neue Anforderungen an die Unternehmen?, in: Der Betrieb, Bd. 52, Heft 3, S. 133-135.

**Küpper-Dirks, M. (2002):**

Managerhaftung und D&O-Versicherung, Karlsruhe.

**Kurzwelly, J.-P. (2007):**

§ 14, in: Krieger, G. / Schneider U. H. (Hrsg.), Handbuch Managerhaftung; Risikobereiche und Haftungsfolgen für Vorstand, Geschäftsführer, Aufsichtsrat, Köln, S. 385-407.

**Lange, O. (2003a):**

Die Eigenschadenklausel in der D&O-Versicherung, in: Zeitschrift für Wirtschaftsrecht, Bd. 24, Heft 11, S. 466-470.

**Lange, O. (2003b):**

Die modifizierte Innenverhältnisdeckung in der D&O-Versicherung - Erwiderung auf die Beilage zu PHi 4/2003, in: Recht und Versicherung, Beilage zu PHi 6/2003, S. 1-6.

**Lange, O. (2007):**

Die Prozessführungsbefugnis der Versicherungsnehmerin einer D&O-Versicherung, in: Versicherungsrecht, 58. Jg., Heft 19, S. 893-898.

**Lattwein, A. (1998):**

D&O-Policen - Vermögensschadenhaftpflicht für Aufsichtsräte, Vorstände und Geschäftsführer, in: Versicherungspraxis, 88. Jg., Heft 5, S. 86-89.

**Lattwein, A. / Krüger, B. (1997):**

D&O: Von der Ablehnung wegen Unmoral bis zum Verbandskonzept, in: Versicherungswirtschaft, 52. Jg., Heft 19, S. 1366-1373.

**Lier, M. (1999):**

Eile ohne Weile, in: Versicherungswirtschaft, 54. Jg., Heft 18, S. 1362-1363.

**Lier, M. (2004):**

Noch weniger Konkurrenz im Industriegeschäft? Gerling rechnet mit weiteren Aussteigern – Allianz zeichnet ernüchternde Perspektiven des China-Geschäfts – D&O weiter alarmierend – Vom DVS-Symposium 2004, in: Versicherungswirtschaft, 59. Jg., Heft 19, S. 1502-1504.

**Löhnig, M. (2006):**

Treuhand: Interessenwahrnehmung und Interessenkonflikte, Tübingen.

**Mertens, H.-J. (1996a):**

§ 93, in: Zöllner, W. (Hrsg.) / Claussen, C. P. (Bearb.) / Zöllner, W., Kölner Kommentar zum Aktiengesetz, Bd. 2: §§ 76 - 117 AktG und Mitbestimmung im Aufsichtsrat, 2. Aufl., Köln, S. 285-342.

**Mertens, H.-J. (1996b):**

§ 88, in: Zöllner, W. (Hrsg.) / Claussen, C. P. (Bearb.) / Zöllner, W., Kölner Kommentar zum Aktiengesetz, Bd. 2: §§ 76 - 117 AktG und Mitbestimmung im Aufsichtsrat, 2. Aufl., Köln, S. 215-225.

**Mertens, H.-J. (1996c):**

§ 77, in: Zöllner, W. (Hrsg.) / Claussen, C. P. (Bearb.) / Zöllner, W., Kölner Kommentar zum Aktiengesetz, Bd. 2: §§ 76 - 117 AktG und Mitbestimmung im Aufsichtsrat, 2. Aufl., Köln, S. 65-82.

**Möhrle, F. (2007):**

Gesellschaftsrechtliche Probleme der D&O-Versicherung, Köln, München.

**Olbrich, C. (2003):**

Die D&O-Versicherung in Deutschland, Karlsruhe.

**Olbrich, C. (2007):**

Die D&O-Versicherung, 2. Aufl., Karlsruhe.

**O'Leary, M. (2007):**

Directors & Officers Liability Insurance Deskbook, 2nd ed, Chicago.

**o. V. (2004):**

Anlegerschutz. Das 10-Punkte-Programm, URL: http://www.manager-magazin.de/geld/geldanlage/0,2828,328144,00.html [Stand 05.10.2008].

**o. V. (2008a):**

Bundesaufsichtsamt für das Versicherungswesen (BAV), URL: http://www.finanztip.de/recht/versicherungen/vers_a6.htm [Stand 05.10.2008].

**o. V. (2008b):**

Corporate opportunity doctrine; Definition, URL: http://www.businessdictionary.com/definition/corporate-opportunity-doctrine.html [Stand 05.10.2008].

**Paefgen, W. G. (2004):**

Dogmatische Grundlagen, Anwendungsbereich und Formulierung einer Business Judgment Rule im künftigen UMAG, in: Die Aktiengesellschaft, Bd. 49, Heft 5, S. 245-261.

**Palmberger, H. (2004):**

Wohin steuert die D&O-Versicherung?, in: Die Versicherungspraxis, 94. Jg., Heft 12, S. 221-227.

**Picot, G. (2001):**

Überblick über die Kontrollmechanismen im Unternehmen nach KonTraG, in: Lange, K. W. / Wall, F. (Hrsg.), Risikomanagement nach KonTraG – Aufgaben und Chancen aus betriebswirtschaftlicher und juristischer Sicht, München, S. 5-37.

**Pinner, W. (2008):**

Nachhaltig investieren und gewinnen: profitieren vom ökologischen Megatrend, Wien.

**Plück, R. / Lattwein, A. (2004):**

Haftungsrisiken für Manager: Deckungskonzepte und Praxisbeispiele für Geschäftsführer und Vorstände, 2. Aufl., Wiesbaden.

**Priester, H.-J. (1999):**

Verlustanzeige und Eigenkapitalersatz - Zur Funktion der §§ 92 Abs. 1 AktG, 49 Abs. 3 GmbHG, in: Zeitschrift für Unternehmens- und Gesellschaftsrecht, Bd. 28, Heft 4, S. 533-547.

**Reifschneider, C. (2007):**

Informationeller Anlegerschutz: Ökonomische Analyse der Konkretisierung und Durchsetzung sekundärmarktbezogener Informationspflichten in Deutschland und den USA, Wiesbaden.

**Säcker, F. J. (2005):**

Streitfragen zur D&O-Versicherung, in: Versicherungsrecht, 56. Jg., Heft 1, S. 10-14.

**Schilling, J. (1999):**

Managerhaftung: Die Regulierung von Haftungsfällen in der D&O-Versicherung, in: Versicherungswirtschaft, 54. Jg., Heft 15, S. 1074-1075.

**Schilling, J. (2002a):**

Managerhaftung und Versicherungsschutz für Unternehmensleiter und Aufsichtsräte, Karlsruhe.

**Schilling, J. (2002b):**

D&O-Versicherung – Eine Standortbestimmung unter Berücksichtigung ausgewählter Problemkreise, in: Matusche-Beckmann, A. / Beckmann, R. M. (Hrsg.), Verantwortlichkeit im Wirtschaftsrecht: Beiträge zum Versicherungs- und Wirtschaftsrecht der Schüler von Ulrich Hübner Karlsruhe, S. 209-218.

**Schilling, J. (2007):**

D&O-Versicherung und Managerhaftung für Unternehmensleiter und Aufsichtsräte, 2. Aufl., Karlsruhe.

**Schillinger, J. (2005):**

Die Entwicklung der D&O-Versicherung und der Managerhaftung in Deutschland - von der „Versicherungsutopie“ zu den Auswirkungen des UMAG, in: Versicherungsrecht, 56. Jg., Heft 31, S. 1484-1492.

**Schimikowski, P. (2004):**

Versicherungsvertragsrecht, 3. Aufl., München.

**Schleif, E. (2005):**

Fallstricke in der D&O-Versicherung, in: Zeitschrift für Versicherungswesen, 56. Jg., Heft 1, S. 12-13.

**Schmidt, K. (2002):**

Gesellschaftsrecht, 4. Aufl., Berlin, Bonn, München.

**Schmidt-Husson, F. G. (2007):**

§ 7, in: Hauschka, C. E. (Hrsg.), Corporate Compliance: Handbuch der Haftungsvermeidung im Unternehmen, München, S. 109-126.

**Schmitt, S. M. (2007):**

Organhaftung und D&O-Versicherung: zu haftungs- und deckungsrechtlichen Problemen der Managementhaftung, München.

**Schneider, S. H. (2005):**

„Unternehmerische Entscheidungen“ als Anwendungsvoraussetzung für die Business Judgment Rule, in: Der Betrieb, Bd. 58, Heft 13, S. 707-712.

**Seibert, U. (2000):**

Die Entstehung des § 91 Abs. 2 AktG im KonTraG -„Risikomanagement" oder „Frühwarnsystem"?, in: Westermann, H. P. / Mock, K. (Hrsg.), Festschrift für Gerold Bezzenberger zum 70. Geburtstag am 13. März 2000: Rechtsanwalt und Notar im Wirtschaftsleben, Berlin, New York, S. 427-438.

**Semler, J. (1996):**
Leitung und Überwachung der Aktiengesellschaft: die Leitungsaufgabe des Vorstands und die Überwachungsaufgabe des Aufsichtsrats, 2. Aufl., Köln, Berlin, Bonn et al.

**Sieg, O. (2002):**
Tendenzen und Entwicklungen der Managerhaftung in Deutschland, in: Der Betrieb, Bd. 55, Heft 34, S. 1759-1764.

**Sontheimer, J. (2004):**
Beschränkung der Haftung des Geschäftsführers nach § 96 AO durch § 64 Abs. 2 GmbHG, in: Deutsches Steuerrecht, 42. Jg., Heft 24, S. 1005-1008.

**Spindler, G. (2008a):**
§ 93, in: Goette, W. / Habersack, M. (Hrsg.), Münchener Kommentar zum Aktiengesetz, Bd. 2, §§ 76-117, MitbestG, DrittelbG, 3. Aufl., München, S. 536-649.

**Spindler, G. (2008b):**
§ 91, in: Goette, W. / Habersack, M. (Hrsg.), Münchener Kommentar zum Aktiengesetz, Bd. 2, §§ 76-117, MitbestG, DrittelbG, 3. Aufl., München, S. 475-502.

**Steinkühler, S. / Wilhelm, M. (2005):**
Gesellschaftsrechtliche und arbeitsrechtliche Problembeziehungen zur D&O-Versicherung, in: Versicherungspraxis, 95. Jg., Heft 7, S. 122-128.

**Stößlein, M. (2006):**
Anspruchsgruppenkommunikation: Wertorientierte Gestaltungsmöglichkeiten mit wissensbasierten Stakeholder-Informations-Systemen, Wiesbaden.

**Surminski, M. (2001):**
D&O auf dem Weg in die Krise?, in: Zeitschrift für Versicherungswesen, 52. Jg., Heft 14, S. 435-436.

**Thümmel, R. C. (1997):**

Wirtschaftsrecht - Manager- und Aufsichtsratshaftung nach dem Referentenentwurf zur Änderung des AktG und des HGB, in: Der Betrieb, Bd. 50, Heft 5, S. 261-263.

**Thümmel, R. C. (2008):**

Persönliche Haftung von Managern und Aufsichtsräten; Haftungsrisiken bei Managementfehlern, Risikobegrenzung und D&O-Versicherung, 4. Aufl., Stuttgart, München, Hannover et al.

**Thümmel, R. C. / Sparberg, M. (1995):**

Haftungsrisiken der Vorstände, Geschäftsführer, Aufsichtsräte und Beiräte sowie deren Versicherbarkeit, in: Der Betrieb, Bd. 48, Heft 20, S. 1013-1019.

**Ulbricht, N. / Fähnrich, E. (2005):**

Industrialisierung der Betrugsbekämpfung?, in: Versicherungswirtschaft, Bd. 60, Heft 19, S. 1490-1493.

**v. Werder, A. (1987):**

Organisation der Unternehmensleitung und Haftung des Top-Managements, in: Der Betrieb, Bd. 40, Heft 45, S. 2265-2273.

**Wiedemann, H. (1980):**

Gesellschaftsrecht, ein Lehrbuch des Unternehmens- und Verbandsrechts, Bd. 1, Grundlagen, München.

**Wiesner, G. (2007):**

§ 25, in: Hoffmann-Becking, M. (Hrsg.) / Austmann, A. / Herfs, A., et al., Münchener Handbuch des Gesellschaftsrechts, Bd. 4, Aktiengesellschaft, 3. Aufl., München, S. 296-331.

**Wilhelm, J. (2005):**

Kapitalgesellschaftsrecht, 2. Aufl., Berlin.

**Zanner, A. / Doehner, R. (2006):**
Rechtsratgeber corporate finance, Wiesbaden.

**Ziemons, H. (1999):**
Die Weitergabe von Unternehmensinterna an Dritte durch den Vorstand einer AG, in: Die Aktiengesellschaft, Bd. 44, Heft 11, S. 492-499.

**Zitzmann, A. / Taubert, H. (2005):**
Rechtsfragen der Investor Relations, in: Kirchhoff, K. R. (Hrsg.) / Piwinger, M., Praxishandbuch Investor Relations: das Standardwerk der Finanzkommunikation, Wiesbaden, S. 55-98.

**Zöllner, W. / Noack, U. (2006):**
§ 43, in: Baumbach, A. (Bgr.) / Hueck, A. / Fastrich, L., et al., GmbH-Gesetz: Gesetz betreffend die Gesellschaften mit beschränkter Haftung, 18. Aufl., München, S. 1234-1315.

# Rechtsprechung


BGH, Urteil vom 22.04.1955 (5 StR 35/55), BGHSt 7, S. 363-371; **(Lederriemenfall).**

BGH, Urteil vom 21.09.1971 (VI ZR 122/70), VersR 1971, S. 1123-1124.

BGH, Urteil vom 09.07.1979 (II ZR 118/77), BGHZ 75, S. 96-116; **(Herstatt-Entscheidung)**.

BGH, Urteil vom 12.11.1979 (II ZR 174/77), BGHZ 75, S. 321-328.

BGH, Urteil vom 15.11.1982 (II ZR 27/82), BGHZ 85, S. 293-300.

BGH, Urteil vom 07.12.1987 (II ZR 206/87), ZIP 1988, S. 568-570; **(Geschäftsführer mit Nebentätigkeit Entscheidung).**

BGH, Urteil vom 21.03.1988 (II ZR 194/87), BGHZ 104, S. 44-50.

BGH, Urteil vom 04.11.1988 (1 StR 262/88), BGHSt 36, S. 1-20.

BGH, Urteil vom 12.06.1989 (II ZR 334/87), NJW-RR 1989, S. 1255-1259.

BGH, Urteil vom 05.12.1989 (VI ZR 335/88), BGHZ 109, S. 297-306; **(Baustoffentscheidung)**.

BGH, Urteil vom 21.04.1993 (IV ZR 34/92), BGHZ 122, S. 250-256.

BGH, Urteil vom 06.06.1994 (II ZR 292/91), BGHZ 126, S. 181-202; **(Konkursantragspflicht-Entscheidung)**.

BAG, Urteil vom 27.09.1994 (GS 1/89), BB 1994, S. 2205-2206.

BGH, Urteil vom 09.12.1996 (II ZR 240/95), NJW 1997, S. 741-742.

BGH, Urteil vom 17.02.1997 (II ZR 278/95), WM 1997, S. 1015-1017.

BGH, Urteil vom 21.04.1997 (II ZR 175/95), BGHZ 135, S. 244-257; **(ARAG/Garmenbeck-Entscheidung)**.

BAG, Urteil vom 25.09.1997 (8 AZR 288/96), BB 1998, S. 749-750.

BAG, Urteil vom 12.11.1998 (8 AZR 221/97), BB 1999, S. 534-535.

BGH, Urteil vom 15.04.1999 (IX ZR 328/97), BGHZ 100, S. 228-234.

BGH, Urteil vom 08.01.2001 (II ZR 88/99), BGHZ 146, S. 264-280.

BGH, Urteil vom 02.04.2001 (II ZR 217/99), WM 2001, S. 1067-1069.

BGH, Urteil vom 04.11.2002 (II ZR 224/00), BGHZ 152, S. 280-290.

BGH, Urteil vom 18.04.2005 (II ZR 61/03), NZG 2005, S. 600-602.

BGH, Urteil vom 21.12.2005 (3 StR 470/04), BGHSt 50, S. 331-346; **(Mannesmann/Vodafon-Entscheidung)**.

BGH, Urteil vom 14.05.2007 (II ZR 48/06), NZG 2007, S. 545-547.